AMORES DE ALTO RISCO

Os estilos afetivos pelos quais seria melhor não se apaixonar: como identificá-los e enfrentá-los

Livros do autor publicados pela **L&PM** EDITORES:

Amar ou depender?
Ame e não sofra
Amores de alto risco
A arte de ser flexível
Desapegue-se!
O direito de dizer não!
Maravilhosamente imperfeito, escandalosamente feliz
O que toda mulher deve saber sobre os homens

WALTER RISO

AMORES DE ALTO RISCO

Os estilos afetivos pelos quais seria melhor não se apaixonar: como identificá-los e enfrentá-los

Tradução de Marlova Aseff

www.lpm.com.br

L&PM POCKET

Coleção **L&PM** POCKET, vol. 940

Texto de acordo com a nova ortografia
Título original: *Amores altamente peligrosos*
Este livro foi publicado pela L&PM Editores, em formato 14x21cm, em 2010.
Primeira edição na Coleção **L&PM** POCKET: março de 2011
Esta reimpressão: julho de 2022

Capa: Ivan Pinheiro Machado. *Ilustração*: Alberto Ruggieri (© Getty Images)
Preparação: Patrícia Yurgel
Revisão: Hannah Celtan

CIP-Brasil. Catalogação na Fonte
Sindicato Nacional dos Editores de Livros, RJ

R479a

Riso, Walter, 1951-
Amores de alto risco: os estilos afetivos pelos quais seria melhor não se apaixonar: como identificá-los e enfrentá-los / Walter Riso; tradução de Marlova Aseff. – Porto Alegre, RS: L&PM, 2022.
240p. (Coleção L&PM POCKET; v. 940)

Tradução de: *Amores altamente peligrosos*
Inclui bibliografia
ISBN 978-85-254-2187-6

1. Dependência (Psicologia). 2. Amor. 3. Relações humanas. I. Título.

11-0918. CDD: 158.2
CDU: 159.923

Rua Comendador Coruja, 314, loja 9 – Floresta – 90.220-180
Porto Alegre – RS – Brasil / Fone: 51.3225.5777 – Fax: 51.3221.5380

Pedidos & Depto. comercial: vendas@lpm.com.br
Fale conosco: info@lpm.com.br
www.lpm.com.br

Impresso no Brasil
Inverno de 2022

Para Pierina e Hugo,
aos afetos que perduram

Sumário

Introdução

Por que falhamos tanto no amor? Por que tanta gente escolhe a pessoa errada ou se concentra em relações tão perigosas como irracionais? Por que nos resignamos a relações dolorosas? Acreditamos que o amor é infalível e esquecemos algo elementar para a sobrevivência amorosa: nem todas as propostas de afeto são convenientes para o nosso bem-estar. Gostemos ou não, algumas maneiras de amar são francamente insuportáveis e esgotantes, mesmo que tenhamos instinto masoquista e vocação para a servidão.

Não estou dizendo que essas pessoas não sejam merecedoras de amor, apenas afirmo que qualquer vínculo de afeto no qual nossos valores essenciais sejam ameaçados é contraindicado para a felicidade, não importa quanto amor lhe dediquemos. Concordo que a vida a dois não é uma coisa fácil, e que todos devemos "sacrificar" algo (entenda-se: num sentido construtivo) para que a relação prospere; não obstante, os modos de amar que descreverei neste livro são *especialmente difíceis de abordar e de tolerar*, inclusive para os "amantes do amor", que tudo sofrem com estoicismo. Esses estilos afetivos disfuncionais desgastam o outro e lhe tiram a energia vital, o consomem de forma lenta ou o confundem até o ponto de sentir-se irracionalmente culpado ou de acreditar que sofrer por amor é um fato normal e generalizado (como se *amar* e *ser vítima* fossem a mesma coisa). É verdade que todos nós temos "pequenas loucuras" pessoais e que ninguém é perfeito, mas as formas de se relacionar que mencionarei vão muito além de uma simples e inofensiva preferência, não se trata de meras besteirinhas: são atitudes muito nocivas para quem decide entrar no jogo do amor. Reconhecê-las nos permitirá tomar decisões mais sadias e inteligentes a respeito do nosso futuro amoroso, seja evitando essas relações, se ainda não fomos flechados, ou enfrentando-as, se já estamos vivendo a dois ou envolvidos afetivamente. Prevenção e enfrentamento, duas estratégias de sobrevivência guiadas pela razão.

Ouve-se falar que é preciso aceitar o parceiro tal como é, que não é conveniente lhe pedir para fazer coisas que não gosta ou não quer fazer, ou seja, há uma essência a ser acatada por respeito ao outro. Concordo com isso, mas também há condições. Eu diria: deve-se aceitar o modo de ser do parceiro, sempre e quando não tenhamos de nos sacrificar psicologicamente nessa tentativa. Aceito você como é, se isso não implicar me autodestruir para fazê-lo feliz, porque, se a minha felicidade é inversamente proporcional à sua, algo está funcionando mal entre nós. Diante de uma incompatibilidade de fundo, a vontade e as boas intenções não costumam ser suficientes para resolver o problema. Como sustentar uma relação sadia e agradável com alguém que acredita ser especial e único e só é capaz de amar a si mesmo? Como alcançar uma relação ao menos digna com quem o considera uma pessoa descartável ou com alguém cujos sentimentos em relação a você oscilam de forma constante entre o amor e o ódio? Como sobreviver a um amor torturante que não o deixa respirar ou a um amor subversivo e ambivalente que não pode viver "nem com você, nem sem você"? Como manter uma relação com reciprocidade e carinho quando seu par o impede de expressar afeto? Como viver o amor em paz com alguém que o controla porque acredita que você é um ser inútil e incapaz? Você se entregaria de corpo e alma a quem o considera um inimigo em potencial e se arrepende de amá-lo a cada dia da sua vida? Você seguiria com uma pessoa infiel que não é capaz de abandonar o amante? Há tantos mártires e eles são tão venerados pela cultura do amor incondicional!

É inegável que nem todos têm a mesma concepção sobre o que deve ser uma boa relação a dois. Há os que consideram que um vínculo baseado no amor é para a vida toda e, como consequência, não haveria limite para a tolerância. E outros acreditam que não é necessário dar murro em ponta de faca, e que o amor não tem nada a ver com aguentar a irracionalidade e a patologia do parceiro. Cada um decide o que fazer e até onde ir, segundo a sua visão de mundo e as suas crenças. Não obstante, poderíamos chegar a um acordo sobre o fundamental: uma relação bem-estabelecida será aquela em que ambos estejam satisfeitos, possam realizar os seus projetos de vida e não tenham os direitos pisoteados. Mas insisto: *ambos*.

A que estilos afetivos negativos eu me refiro? A um grupo seleto e não tão célebre, porque a maioria age nos bastidores. Talvez tenhamos tido contato com alguns deles (seja porque fomos vítimas diretas desses modos de amar ou porque conhecemos alguém aprisionado numa relação traumática da qual não é capaz de sair) ou talvez sejam totalmente novos; de qualquer modo, estão rondando nossas vidas e nos espreitando em silêncio. De forma concreta, farei referência a oito estilos afetivos que são considerados muito nocivos e perigosos para o bem-estar emocional das pessoas: o histriônico-teatral (amor torturante), o paranoico-vigilante (amor desconfiado), o passivo-agressivo (amor subversivo), o narcisista-egocêntrico (amor egoísta), o obsessivo-compulsivo (amor perfeccionista), o antissocial-encrenqueiro (amor violento), o esquizoide-ermitão (amor desvinculado ou indiferente) e o limítrofe-instável (amor caótico). Em cada um deles está implícito um ou vários antivalores que se opõem a um amor pleno e saudável.

Aqueles que têm essas maneiras de amar podem sair-se muito bem em certas áreas específicas, e por isso a sociedade os aceita e os exalta como modelos a serem seguidos. Mas sua maior incidência, sua verdadeira problemática fica evidente nas relações interpessoais íntimas, basicamente no âmbito familiar e do casal. Como diz um velho ditado popular: "Por fora, bela viola; por dentro, pão bolorento". Dentro de casa, no mundo privado do amor, as máscaras caem e a alteração se revela. Por exemplo, os indivíduos narcisistas costumam ocupar cargos importantes em empresas ou na política, graças à sua enorme competitividade e ao afã pelo poder, mas machucam em profundidade os seus parceiros devido ao egoísmo e ao egocentrismo crônico que os caracteriza. Os sujeitos obsessivo-compulsivos alcançarão um excelente rendimento naquelas tarefas em que o perfeccionismo e o controle sejam um requisito importante; no entanto, quando transferem a seus lares o mesmo padrão de exigência, terminarão pressionando seus entes queridos e criando um clima extremamente estressante. As pessoas histriônicas têm grandes habilidades para realizar atividades com o teatro, o cinema, a televisão ou qualquer outro meio no qual sejam o centro da atenção e que lhes permita "se conectarem" com o público, mas na vida amorosa têm sérias dificuldades para se relacionarem com tranquilidade e respeitar os limites do companheiro. Um indivíduo paranoico se destacará em tarefas cujos requisitos fundamentais para um bom desempenho sejam a vigilância e a desconfiança, mas a convivência com ele pode se transformar numa experiência aterradora e asfixiante.

Seria um erro pensar que estou me referindo a casos isolados ou excêntricos. Calcula-se que a soma de todos os estilos, em casos extremos (transtornos da personalidade), atinge entre vinte e trinta por cento da população. E, se considerarmos os casos moderados, o número aumenta substancialmente. Os parceiros/vítimas dos indivíduos que apresentam esse tipo de personalidades às vezes tentam equilibrar a questão recorrendo à tática do "deixa disso", uma estratégia de compensação muito apreciada pela cultura casamenteira que proclama que se aguente tudo a qualquer custo. "Ele é egoísta, *mas* nem tanto"; "Gosta de seduzir, *mas* não é tão grave"; "É muito ciumenta, *mas* eu sei lidar com ela"; "Não é uma pessoa muito expressiva, *mas* devo entender que essa é a sua maneira de ser"; "Ele é agressivo, *mas* está melhorando"; "É bastante instável, *mas* eu me adapto e tenho paciência". A maioria desses *mas* não é nada mais do que formas arranjadas de autoengano e justificativas diante do medo ou da impossibilidade de resolver o desencontro afetivo. Ou por acaso deveríamos manter o amor na Unidade de Terapia Intensiva por toda a vida? Não estou afirmando que é preciso jogar a toalha no primeiro desentendimento; não defendo as relações descartáveis, o que sugiro é a aplicação de um realismo afetivo que permita definir até quando se deve seguir esperando a metamorfose do ser amado. As pessoas que decidem romper com algumas das formas de amar mencionadas não o fazem da noite para o dia. Ao contrário: a grande maioria delas luta, pede ajuda profissional e vai além das suas forças tentando dar segundas, terceiras, quartas e quintas oportunidades, inclusive quando a sua integridade física e psicológica está em jogo. Não é preciso exagerar; às vezes devemos depor as armas e compreender que determinadas batalhas não são nossas ou, simplesmente, não nos convêm.

As pessoas que tiveram a oportunidade de se aproximar deste tema e aplicá-lo à vida cotidiana sentem-se mais seguras na hora de resolver os problemas do casal e aprendem a tomar decisões baseadas em evidências. No entanto, há quatro perguntas sobre os estilos afetivos que se repetem com regularidade, e considero importante esclarecê-las:

- *É possível ter características de diferentes estilos ao mesmo tempo?* Sim, é possível. Alguns perfis podem se sobrepor em certos aspectos. Por exemplo, a indiferença é comum ao estilo antissocial, ao narcisista e ao esquizoide, mas só neste último atinge a expressão máxima. De todo modo, ainda que seja possível apresentar certos traços dos diferentes estilos ao mesmo tempo, sempre haverá alguns que se destacam sobre os demais. O que define cada maneira de amar é uma "essência psicológica" específica. É melhor considerar os estilos afetivos como um guia para pensar em si e também para pensar o amor.
- *Você não considera que as características de cada estilo são um pouco rígidas?* Os estilos que apresento não respondem a uma listagem categórica e definitiva (lista de sintomas); ao contrário, representam a dinâmica interna de como algumas pessoas vivem e sentem o amor, seu *modus operandi*, suas motivações e sua estrutura cognitivo-afetiva.
- *Os estilos afetivos disfuncionais são mais frequentes em homens ou em mulheres?* As pesquisas recentes mostram a seguinte variação: a) os amores caóticos e subversivos são mais frequentes em mulheres (mais os primeiros do que os

segundos); b) no estilo histriônico-teatral, ambos os sexos brigam pelo primeiro lugar (como veremos, o "histeriquismo" já é unissex) e c) os demais estilos afetivos são mais comuns em homens (uma vez mais, o sexo masculino assume a dianteira em questões de insalubridade).

- *O que é então um estilo afetivo?* É uma maneira de processar a informação afetiva: senti-la, avaliá-la e incorporá-la à vida a dois. Se o modo de processar tal informação é distorcido e conduzido por esquemas negativos a respeito de si mesmo, do mundo e do futuro, esse estilo será nocivo para a saúde mental e emocional – a sua e a do seu parceiro.

Cada um dos oito perfis psicológicos propostos ocupa um capítulo deste livro. Cada um deles apresenta, em linguagem acessível para o público em geral: a) os traços principais de cada estilo afetivo e suas implicações para a vida a dois; b) as vulnerabilidades pessoais que explicam por que nos envolvemos nesse tipo de relação; c) até onde é possível manter uma relação saudável com cada estilo afetivo doentio e quais seriam os custos; d) como reconhecer essas maneiras de amar antes de se apaixonar, e, por último, e) o que aconteceria se o leitor descobrisse que tem alguns dos traços característicos mencionados. O estilo limítrofe-instável, devido à sua estrutura caótica e desorganizada, é o único perfil que, em alguns pontos, não seguirá exatamente o esquema dos demais, ainda que eu tenha mantido os títulos gerais para não alterar a leitura.

No ordenamento dos capítulos, não segui as convenções tradicionais das classificações psicológicas ou psiquiátricas, mas uma sequência que facilitasse a leitura. À exceção da introdução, que considero imprescindível para compreender o sentido do texto, cada capítulo pode ser lido na ordem que o leitor desejar, ainda que seja mais conveniente deixar o estilo limítrofe-instável para o final.

Os estilos afetivos disfuncionais apresentados foram documentados com os avanços mais recentes da psicologia clínica cognitiva e de outras disciplinas afins, e também com um abundante material de casos extraídos de diversas fontes científicas e da experiência clínica do autor.

Este texto é dirigido a qualquer pessoa que deseje revisar sua vida afetiva e fazer do amor uma experiência satisfatória. Não é um livro otimista, nem pessimista, mas realista. Você não encontrará aqui as melhores regras para viver com tal estilo disfuncional e tapar o sol com a peneira. Ao contrário, conseguirá estabelecer espaços de reflexão para compreender melhor a sua relação a dois e esclarecer até onde se justifica lutar por ela ou não. Inclusive, poderá descobrir que o problema está em você e não na pessoa amada. As três perguntas que guiam este percurso são simples e ao mesmo tempo profundas: "Qual é a maneira de amar do meu parceiro?", "Qual é a minha maneira de amar?", "Até que ponto podemos ficar juntos sem nos machucar?". Se enxergarmos as coisas como são, sem vieses nem esperanças ingênuas, poderemos tomar decisões corretas orientadas a melhorar a nossa qualidade de vida, ainda que às vezes nos doa ou que o caminho a seguir nos incomode. Parto da simples premissa de que amar não é sofrer, e que temos direito a ser felizes. Esse é o bem supremo que ninguém poderá nos tirar; que assim seja em nome do amor.

PARTE I

ESTILO HISTRIÔNICO-TEATRAL

O amor torturante

A beleza é a chave dos corações; a sedução,
uma chave mestra.
ANDRÉ MASSON

A profusão de adornos prejudica o efeito.
HONORÉ DE BALZAC

AMAR UMA PESSOA histriônico-teatral é se deixar levar por um furacão de grau cinco. Algumas das suas características são: querer ser sempre o centro das atenções, ser excessivamente emotiva, mostrar comportamentos sedutores, cuidar de forma exagerada do aspecto físico, adotar atitudes dramáticas e impressionistas, ver intimidade onde não há e ser muito intensa nas relações interpessoais (em especial quando há amor no meio). As pessoas que têm essa maneira de amar desenvolvem um ciclo amoroso com mau prognóstico. No princípio, as suas relações afetivas estão impregnadas de uma paixão frenética e fora de controle e, depois, como numa queda livre, costumam terminar os relacionamentos de maneira drástica e tormentosa. O amor histérico não só é sentido, mas também é carregado e suportado, porque, ao exigir atenção e aprovação durante as 24 horas do dia, a relação se torna esgotante. Como viver bem com alguém que nunca está afetivamente satisfeito?

Jorge conheceu Manuela na universidade e sentiu-se arrebatado por ela desde o primeiro instante: era jovem, sexy e alegre. Todos os homens a desejavam, e isso não a desagradava em absoluto; ao contrário, procurava ser o centro das atenções e exercia um forte magnetismo sobre o sexo oposto. Divertia-se com os homens como o gato com o rato: se exibia, os provocava e, logo, os deixava nas nuvens. Havia aprendido a brincar com a testosterona masculina sem se envolver nem sexual nem afetivamente. Com Jorge, ocorreu algo diferente. A timidez que ele demonstrou e a sua introversão gerou em Manuela o objetivo de conquistá-lo, coisa que conseguiu sem muito esforço. Em pouco tempo já estavam vivendo juntos. Na realidade, Jorge queria mantê-la sob controle porque temia que, de tanto jogar, ela lhe fosse infiel. Quando chegaram ao meu consultório, a convivência estava bastante deteriorada e suas insatisfações eram parecidas: nenhum se sentia amado pelo outro. Manuela exigia mais mimos e atenção: "Parece que ele não se importa comigo... Preciso que ele seja mais carinhoso e que me dedique mais tempo... Gostaria de vê-lo mais ligado a mim". Por outro lado, Jorge desejava que ela fosse mais sóbria e menos exibida, e também queria melhorar as relações sexuais: "Ela não gosta de sexo, não é o que aparenta... Na verdade, não me sinto desejado... Acho que é frígida ou algo assim...". No começo da relação, ingênuo, Jorge havia pensado que Manuela só manifestava o comportamento sedutor com ele, mas quando descobriu que o flerte e o exibicionismo eram parte do seu modo de ser, sentiu um misto de medo e desilusão. Ele tentou fazê-la mudar o estilo provocante de se vestir e o modo de se relacionar com os outros homens, mas não conseguiu.

O caso teve um final surpreendente: Manuela o deixou por um de seus melhores amigos. Numa consulta, me disse: "Estou apaixonada de verdade! Falamos em casamento; ele é maravilhoso!". Quando perguntei por Jorge, o namorado por quem chorava havia apenas algumas semanas, respondeu: "Ah, o Jorge... Não sei, isso já passou... Agora estou tão feliz!". Como se fosse uma febre ou uma doença, Jorge não mais existia na memória emocional de Manuela, que o tinha apagado de seu disco rígido como quem elimina um vírus.

Diferentemente do que se costuma pensar, o estilo histriônico não é exclusivo das mulheres. A cultura pós-moderna fez com que um número considerável de homens entrasse no jogo exibicionista. Basta ir a uma danceteria da moda para encontrar um mundo "histeroide" no qual tanto os homens como as mulheres fazem alarde dos seus mais encantadores atributos. Homens de pele bronzeada e hidratada, roupa de grife, acessórios chamativos, olhares sugestivos e músculos à mostra fazem o deleite de um sem-número de belas damas que estão na mesma onda: os lindos com as lindas, no compasso de um grupo de pavões cujo cortejo se torna cada vez mais barroco. Sexo? Não necessariamente. Na filosofia do "histeriquismo", atrair pode ser mais excitante do que fazer sexo; provocar paixão, mais impactante do que se apaixonar; se iludir e fantasiar, mais estimulante do que telefonar; sentir, muito mais vantajoso do que pensar. Borboleteios e voyeurismo às avessas: o ocaso da sensibilidade. Olha-se, mas não se toca, ou se chega a tocar, é na superfície. Uma subcultura que gera ereções em cadeia e paixonites discretas, cada vez mais inacabadas.

O lado antipático da sedução e do romantismo

As estratégias utilizadas para atrair e recrutar amores mudam com a história e os costumes. É evidente que a pesca amorosa não é a mesma hoje, em plena pós-modernidade, do que era na Idade da Pedra ou quando Ovídio escreveu *A arte de amar*. No entanto, tudo leva a crer que a dinâmica que se esconde detrás da conquista continua sendo igual. Não importa de que feitiço ou anzol se trate: se a paixão e o romantismo se fundem em sua justa medida, não há corpo que resista, nem coração que se contenha. Quando acontece uma "paixão romântica" ou um "romantismo apaixonado", o impacto é definitivamente irresistível. O desejo move o amor, o romantismo faz a sua calibragem. Todo mundo concorda. Mas se as táticas de sedução começam a se parecer com o filme *Atração fatal*, a expressão do sentimento adquire um tom fúcsia penetrante e o amor se torna indigesto. O lado antipático da sedução é ser *assediado* (há algo mais insuportável do que a insistência de um admirador ou admiradora que nos desagrada por completo?), e o lado odioso do romantismo é a *sensibilidice* (há algo mais patético do que adornar e temperar sem necessidade o amor?).

O sujeito histriônico-teatral flutua entre dois esquemas opostos: "Não sou nada" (quando as pessoas não prestam atenção nele ou desaprovam os seus comportamentos) e "Sou um ser deslumbrante e especial que cativa a todos" (quando os outros respondem de forma positiva e com interesse às suas tentativas de chamar a atenção). A consequência dessa maneira dicotômica de processar a informação é desastrosa para qualquer vínculo interpessoal, porque, se a segurança afetiva vai depender de quão "cativado" e "extasiado" mantenho o meu par, não terei um momento de paz. Os fatos falam por si: os "feitiços amorosos" não duram muito, ao menos para nós que não somos bruxos nem bruxas.

Parece evidente que a capacidade de seduzir não é um indicador do próprio valor pessoal ou um caminho adequado para reafirmar o "eu". "Ele vai me deixar, sei que vai me deixar!", exclamava uma de minhas pacientes com profunda angústia. "Por que você acredita nisso?", perguntei a ela, tentando acalmá-la. "Você não percebe? Ele não se diverte comigo como antes, já não se derrete por mim nem por meu corpo... Quanto mais tento atraí-lo, mais ele se afasta." Esse é o grande paradoxo das pessoas histriônico-teatrais: *por querer conservar os parceiros muito motivados, os cansam, e terminam gerando nos outros precisamente o que querem evitar*. Um pesadelo interpessoal no qual desempenham o papel central.

A inaceitável proposta afetiva dessas pessoas parte de três atitudes destrutivas para o amor: "A sua vida deve girar ao meu redor" (*chamar a atenção a qualquer custo*), "O amor é puro sentimento" (*emotividade/expressividade*) e "O seu amor não me preenche" (*insatisfação afetiva*). Pense por um instante nas consequências de estar com alguém que reúna as três condições, todo o dia e a toda a hora.

Chamar a atenção a qualquer custo: "A sua vida deve girar ao meu redor"

Chamar a atenção a qualquer custo é a exigência vital do estilo histriônico-teatral. Um amigo não concebia que a mulher pudesse estar bem e se divertir sem ele. Segundo o ponto de vista dele, o verdadeiro amor implica sentir-se incompleto ou desequilibrado quando o parceiro não está presente. Se a esposa saía às vezes com amigas ou ia ao cinema e se divertia, o homem entrava numa espécie de choque existencial. A pretensão era, sem dúvida, exagerada: "Devo ser o centro da vida dela" ou "Ela não deveria aproveitar as coisas sem mim". Meu amigo era uma pessoa muito emotiva e dramática na condução dos seus sentimentos e se envolvia demais em tudo que fazia. Quando estava junto da mulher, talvez devido à sua grande necessidade de aprovação, era ativada nele uma curiosa forma de contabilidade amorosa que o levava a se perguntar repetidamente o quanto e por que ela o amava. Além disso, não suportava o silêncio. Cada vez que a via pensativa e ensimesmada, tentava trazê-la à realidade: "No que está pensando?", "Por que não me conta?". O seu maior desejo, quase uma obsessão, era poder penetrar e escavar a mente da mulher para saber quão importante ele era para ela. Esse comportamento sufocante não era motivado pelos ciúmes, mas pelo medo produzido por um apego doentio. Um dia qualquer, ao ver que nada podia aliviar o seu sofrimento, perguntei a ele o que a esposa deveria fazer para que se sentisse tranquilo. A resposta corroborou com o diagnóstico: "Não prescindir de mim em nenhum momento, que ela respire pelos meus pulmões, veja com meus olhos, que sejamos um só... É pedir muito quando há amor verdadeiro?". O assédio afetivo existe e compete pela primeira posição com o assédio moral e sexual. Ele desejava, de uma maneira quase delirante, que a companheira fosse um prolongamento do seu ser, e que por isso deveria mantê-la sempre presa e hipnotizada.

A matemática do amor torturante é absurda assim: *a quantidade de amor necessária para me satisfazer é diretamente proporcional ao grau de atração que exerço sobre a pessoa que amo, e o grau de atração é medido pela atenção obtida.*

A confusão que as pessoas histriônico-teatrais apresentam é devida ao fato de igualarem o amor ao desejo. É evidente que não é assim: o apetite pela pessoa amada é só uma parte da experiência afetiva. Se você olhar ao redor verá que a maioria das pessoas casadas não está nem com super-homens nem com supermulheres, simplesmente porque a "fascinação" não se encontra nas belas curvas ou na musculatura bem definida. La Rochefoucauld dizia em uma de suas máximas: "Há coisas belas que têm mais brilho quando permanecem imperfeitas do que quando estão acabadas". Talvez se referisse à beleza que ganha significado na maneira de ser do outro: um sorriso malicioso pode mais do que dentes "brilhantes de tão brancos"; um caminhar cadenciado pode mais do que um belo traseiro; uma expressão inesperada e oportuna pode mais do que um rosto bonito; nos apaixonamos por quem carrega o corpo, e não pelo corpo.

Cortejo e aparência

Que estratégias uma pessoa histriônico-teatral costuma usar para conservar o outro sob controle? Em princípio, são duas: a sedução libertária e os cuidados com o aspecto físico.

Uma mulher comentava comigo como se fosse uma grande vitória: "Desde que aumentei o tamanho do meu busto, meu marido mudou a sua maneira de ser... Fica louco só de me olhar, vive obcecado pelos meus seios. Até compra blusas com decotes pronunciados para mim! Nunca pensei que uma cirurgia plástica pudesse melhorar o meu casamento". Não deixa de ser estranho que a felicidade interpessoal esteja fundamentada no tamanho dos seios; parece que existe uma "geometria afetiva". Sendo totalmente respeitoso no que concerne aos gostos pessoais, me pergunto o que ocorreria se o homem passasse por uma fase anal e começasse a sugerir uma renovação das nádegas para que a "relação funcione melhor". Enquanto uma mulher histriônica se considerar atraente e puder competir no mundo da sedução, sentirá que a vida lhe sorri, mas, se o passar dos anos deixar marcas, a "crise estética" será inevitável. O medo da velhice ou do que poderíamos chamar de "síndrome da diva em decadência" termina quase sempre em depressão. Essa fobia ao envelhecimento se tornou muito mais evidente nos últimos anos devido ao hiperconsumo, como assinala o sociólogo Lipovetski.

Os comportamentos de sedução que nossos antepassados primitivos usavam, tal como afirmam Carl

Sagan e Ann Druyan no livro *Sombra de antepassados esquecidos*, foram modificados ou eliminados pela civilização. Vejamos dois exemplos do que ocorre no mundo dos chimpanzés:

- Charles Darwin foi um dos primeiros a observar que, quando as fêmeas estão em plena ovulação e são suscetíveis à gravidez, suas vulvas e outras regiões vizinhas adquirem uma cor vermelha resplandecente, como se fossem "anúncios sexuais ambulantes" que enlouquecem os chimpanzés machos, que por sua vez também se exibem emitindo sinais olfativos e manifestando outros indicadores visuais.
- O cortejo do macho começa com um alarde, logo ele sacode umas ramas e pisa em folhas secas para se fazer notar, encara fixamente a fêmea, se aproxima e lhe estende o braço. Os pelos ficam eriçados e exibe o "pênis ereto de cor vermelho-brilhante que contrasta com o escroto preto". Difícil de ser ignorado por uma fêmea no cio.

A natureza sabe o que faz: vulvas inchadas e pênis avermelhados eretos apontados, um festival multicor de sexo inesgotável que assegura a sobrevivência da espécie. A coisa hoje é um pouco mais sutil; no entanto, muitas condutas exibicionistas das pessoas histriônicas seguem sendo chamativas e, às vezes, incômodas para os demais observadores. Dois exemplos:

- Uma jovem, na terceira vez que saía com um pretendente muito charmoso, ficou estupefata ao ver que o homem subiu de repente na mesa e começou a se contorcer como um *stripper* profissional. Tudo em público! Obviamente, a jovem não voltou a sair com ele, apesar da insistência.

- Uma mocinha "vestida para matar", espremida num shortinho minúsculo que deixava à mostra sua roupa íntima e os demais atributos físicos, não entendia por que os homens a olhavam. Quando lhe expliquei que a maneira de ela se vestir era bastante insinuante e provocativa, me respondeu: "Graças a Deus que me olham, seria horrível passar despercebida".

Emotividade/expressividade: "O amor é puro sentimento"

A emotividade das pessoas histriônico-teatrais é efusiva e sem contenção. Ainda que costumem ser bastante joviais e simpáticas, o problema aparece com a falta de controle sobre as próprias emoções, que em geral brotam de forma espontânea e sem medir as consequências. As brigas com o parceiro e as birras são frequentes devido a uma tolerância muito baixa à frustração: "Se as coisas não são como eu gostaria, me dá raiva". Poderíamos dizer que a inteligência emocional, entendida como a capacidade de ser consciente dos sentimentos e torná-los mais racionais e razoáveis, deixa muito a desejar nessas pessoas. Na maioria dos casos, a linguagem está saturada de afetividade e é exageradamente impressionista e sentimental. Dito de outra forma: a carga emocional é intensa, em especial nos assuntos relacionados ao amor e ao afeto. A sua tendência a romantizar as relações interpessoais produz nos outros um efeito negativo e esgotante.

Como insisti em outras publicações, o amor não é só para ser sentido, mas também pensado, coisa que a personalidade histriônico-teatral resiste em fazer. Racionalizar demais gera stress nelas; sentir as deixa extasiadas. Uma paciente casada com um homem histriônico-teatral se queixava dos altos e baixos emocionais do marido e da impossibilidade de sustentar uma comunicação fluida com ele. Uma das primeiras tarefas que sugeri a ela foi que registrasse durante quinze dias como o marido se comportava durante as discussões que eles tinham. O resultado da observação foi o seguinte: "Ele não presta atenção. Quando se irrita, despeja tudo sem pensar no que diz nem como diz. Não tem objetivo claro na discussão, e, se eu tento chamá-lo à razão, ele segue falando sozinho. Vive no passado e me joga na cara fatos de que não lembro. Não é capaz de analisar os problemas em detalhes, nem de ver qual é a sua cota de responsabilidade porque, segundo ele, a culpa é sempre minha... É muito sensível, e tudo o que eu digo o fere, mas reage com raiva... Às vezes penso que passa o dia encenando, como se a vida fosse uma comédia. Um dia discutimos, não lembro por qual razão, e ele se trancou no banheiro e começou a gritar que era um desgraçado... Como tive medo de que ele fizesse uma loucura, subi em uma cadeira e espiei por cima da porta e, você não vai acreditar: estava fazendo caretas no espelho enquanto gritava!".

A predileção excessiva pela emotividade/expressividade, somada às maneiras vulgares de sedução e conquista, faz com que essas pessoas muitas vezes sejam avaliadas como frívolas e superficiais. Uma visão profunda do mundo e de si próprio requer certa maturidade psicológica e que a razão e a emoção se equilibrem num todo harmônico. Oscar Wilde dizia: "Estar apaixonado é ir além de si mesmo", mas essa viagem até a pessoa amada não deve estar apenas sob a incumbência dos sentimentos. Certa vez, comentei com uma mulher com quem tinha um relacionamento afetivo sobre um problema trabalhista que estava me deixando muito preocupado. Depois de me escutar atentamente, me abraçou com força e, tentando me animar, sussurrou no meu ouvido: "Te amo, te amo, te amo". Na realidade, me senti querido, no entanto, preferiria outro tipo de solidariedade, talvez um: "Vamos pensar, vamos pensar". Mais uma vez, Wilde: "A paixão nos faz pensar em círculos". Eu acrescentaria: se há alguma dificuldade com o parceiro, não importa qual seja, a emotividade pura e o sentimento histriônico não o deixarão avançar um milímetro para a solução, e o conflito logo seguirá se alimentando a si mesmo.

Insatisfação afetiva: "O seu amor não me preenche"

É conhecida como a "síndrome do poço sem fundo": faça o que fizer, ela ou ele sempre vai querer mais e melhor. O que guia a relação não é a alegria de que o outro exista, mas uma profunda *insatisfação afetiva.* É de fato angustiante sentir que não podemos preencher as expectativas das pessoas que amamos, sejam elas nosso parceiro, nossos pais ou amigos. Na realidade, se você está com uma pessoa exigente em termos de afeto, não é que "o seu amor" não a preencha: "nenhum amor" será suficiente para ela. A idealização e a necessidade de saber-se amado é tanta que jamais alcança o nível esperado. Um homem se queixava numa consulta: "Não sei mais o que fazer, nada a satisfaz, sempre quer mais e mais". Um dia depois, a esposa me dizia entre lágrimas: "Não posso viver assim, me falta amor". Duas frustrações entrelaçadas que se afogam mutuamente.

Para a maioria das pessoas com esse estilo, a necessidade de ser amado funciona como uma espiral ascendente, típica dos transtornos de dependência: "Cada vez que me dão amor, confirmo que valho alguma coisa e sou um ser maravilhoso. Logo, quanto mais eu for amado, maior será o meu grau de satisfação e, portanto, quero mais". Como consequência, se faltar a dose de "amor" adequada, sairão a procurá-la em outro lugar. O melhor proponente afetivo, o que mais se derreter frente ao encanto sedutor do exibicionista, será quem terá as melhores opções de conquista. Entre uma relação apaixonada que asfixie e uma que libere, ainda que a paixão não seja cinematográfica, algumas pessoas preferem a segunda opção. E, para muitos, é mais importante a taquicardia e o arrebatamento, em que predomine a sensação sobre todo o resto: paixão, mais do que amor.

Por que nos envolvemos em uma relação histriônica? Os cantos da sereia

É muito fácil cair nas redes histriônicas, pois a mistura de sedução e de boa aparência é arrasadora para qualquer mortal necessitado de aprovação e/ou de erotismo. Não esqueçamos que essas pessoas são "especialistas" em agarrar os demais e jogá-los de cabeça no jogo avassalador da sedução ou galanteio. Ainda que as causas pelas quais poderíamos nos envolver num amor torturante sejam muitas, me centrarei em três vulnerabilidades específicas e suas necessidades associadas. Se você apresenta alguma delas, poderá se transformar numa presa fácil de qualquer encantador de serpentes: "Preciso de um parceiro *light*, que não complique a minha vida", "Preciso de alguém mais extrovertido do que eu" e "Preciso que me valorizem".

Superficialidade/frivolidade: "Preciso de um parceiro *light*, que não complique a minha vida"

Para as pessoas que apresentam um esquema de superficialidade/frivolidade, a atitude *light* dos histriônicos é bastante atrativa e relaxante. Uma vez que não querem complicar suas próprias vidas, a trivialidade das pessoas histriônicas vem a calhar. A norma é pensar pouco e sentir muito. Concordamos que a compatibilidade afetiva não tem por que se dar na mais alta transcendência; há casais cujo ponto de contato mais profundo são as pipocas em um cinema vespertino. E daí? O problema poderia aparecer quando um anda navegando na quintessência do saber, e o outro está ao rés do chão. Mas não falta quem queira transformar o parceiro histriônico-teatral em um Einstein apaixonado, e aí as coisas se complicam porque os olmos não dão peras.

Lembro o caso de um paciente, muito culto e circunspecto, que se sentiu atraído pelas curvas e pela sensualidade de uma mulher histriônica. Só para assinalar algumas discrepâncias: ela gosta de ir a bailes e de dançar rumba; ele, de literatura, cinema e arte; ela se vestia impecavelmente, e ele parecia um palhaço; ela não lia nem as manchetes dos jornais, e ele devorava até os obituários. Só os unia o espírito da conquista em plena efervescência. Apesar disso e dos maus augúrios, o homem tentou "educá-la" e inseri-la num mundo mais intelectual para que seus amigos e amigas pudessem aceitá-la. Nem é preciso dizer que a experiência foi um fracasso retumbante. A mulher não negociou a sua essência e em poucos meses abandonou o erudito pelo baterista de uma banda de rock, muito mais afim com as suas preferências pessoais. Não é possível nadar em águas diferentes. Se cada vez que você entra mar adentro o seu par fica na margem, algo vai mal.

Uma vez perguntei a um paciente que desejava se divorciar qual era a diferença fundamental e irreconciliável que o afastava da mulher. O homem pensou um bom tempo antes de me responder, tanto que ajeitei meus papéis e peguei a caneta para não perder os detalhes. Por fim, ele disse: "Eu gosto de dançar, e ela não". Reducionismo afetivo, amor ultraleve que, paradoxalmente, não levanta voo.

Inaptidão social: "Preciso de alguém mais extrovertido do que eu"

O princípio que move este esquema é a *compensação*. Ficar junto para que o positivo de um sirva de suporte ao negativo do outro. Lamentavelmente, o amor acalentado não costuma funcionar bem. Se você tem um déficit psicológico em alguma área, é melhor e mais saudável se responsabilizar pelo problema do que dissimulá-lo nas qualidades do parceiro. Por exemplo, é muito comum ver pessoas que se consideram incompetentes do ponto de vista social, tímidas ou introvertidas, sentindo-se atraídas pelos que demonstram um padrão de conduta extrovertido e/ou pelos indivíduos que apresentam um estilo histriônico-teatral. Nisso, a natureza humana é contundente: admiramos ou invejamos quem tem o que não temos.

Em geral, nos sentimos nivelados se o nosso companheiro é capaz de fazer coisas de que não somos capazes. Uma mulher tímida, casada com um homem extrovertido e bastante histriônico, me contava por que havia se apaixonado pelo marido: "Eu sou uma boba que não é capaz de interagir com as pessoas... Ele é o oposto, conta piadas e é capaz de animar uma festa chata. É um motivador nato. Meu sonho era ser uma pessoa expansiva, mas já não importa...". Quando sugeri que não se desse por vencida e tentasse vencer a timidez, respondeu: "Mas, se eu tenho ele, para quê?". Amor de prótese. Estranha maneira de pensar e de equilibrar as coisas, como se o parceiro fosse uma perna de pau desenhada especialmente para nós.

Se você pensa que o seu parceiro é uma espécie de refúgio para adormecer a sua *incompetência social*, está fora de foco. Não importa com quantos *showmen* ou quantas *showgirls* você se envolva, o amor compensatório não fará com que supere o déficit de habilidades sociais. Poderá se esconder atrás da pessoa amada, se camuflar nele ou nela, mas cedo ou tarde o problema aflorará em alguma parte.

Autoestima pobre: "Preciso que me reconheçam e me valorizem"

Se você procura alguém para reafirmar a sua autoestima, as personalidades histriônicas são especialistas em fazer afagos e reconhecimentos. O envolvimento entre uma pessoa histriônica e uma com baixa autoestima se estabelece com base em um intercâmbio implícito, em que cada um recebe do outro o que precisa. Você seduz e eu me deixo seduzir, você quer me encantar e eu me deixo encantar, você precisa que exaltem a sua beleza e eu a exalto. Convivência afetiva bem equilibrada. O acordo ficará selado com chave dupla.

Fica configurado assim um contexto afetivo repleto de mimos e adulações, no qual o suposto amor se torna cada vez mais pomposo. No entanto, esse tipo de vínculo, pródigo em trocas positivas, não fortalece o autoconceito como se poderia pensar. A autoestima, ao contrário, ficará desfigurada frente à chuva de reforços e algumas mentiras "piedosas" salpicadas de afeto. Lembro o caso de um paciente que, depois de terminar uma relação de oito anos, confessou: "Eu sei que é absurdo, mas a minha ex me fez acreditar que meu pênis era enorme... A verdade é que eu nunca me preocupei com isso, mas ao ver que ela vivia impressionada com o tamanho dele, acreditei. Até que há pouco tempo saí com uma mulher mais madura, e ela me disse que ele era pequeno, mas que não me preocupasse porque o tamanho não era o mais importante numa relação sexual". Será que, consciente ou inconscientemente, o estilo histriônico não diz justo o que o outro quer escutar para obter afeto e atenção em troca? Vi relações nas quais as mentiras ditas estão tão bem montadas que a realidade atrapalha.

Se a sua autoestima é pobre, o histriônico saberá adoçar os ouvidos e alegrar a vista até que o seu ego se recupere. Então surge a pergunta: qual será o prognóstico de um casal em que ambos são histriônicos? Bastante ruim. Esse encontro de personalidades similares, mais que um "encontro", seria um choque de trens a toda velocidade, porque logo estariam competindo entre eles para ganhar a atenção do entorno, e isso seria insuportável para os dois.

Podemos nos relacionar de forma saudável com uma pessoa histriônica?

De acordo com a minha experiência clínica, um histrionismo leve ou moderado se deixa conduzir e até pode ser agradável se soubermos e pudermos dosá-lo. O inconveniente acontece quando se exagera na "pimenta" e o amor se torna tóxico. Ainda que não seja uma tarefa fácil, a chave para ficar com uma pessoa histriônica é que ela aprenda a controlar os estados de ânimo e a dependência. Entre a frieza do amor distante (esquizoide) e o arrebatamento afetivo do histriônico, há um ponto médio onde o amor não incomoda e é agradável.

Estratégias de sobrevivência afetiva

As pessoas costumam recorrer a duas estratégias básicas para sobreviver a um estilo histriônico-teatral: uma linha branda (se transformar num urso de pelúcia e se deixar invadir sem oferecer a menor resistência) e uma linha dura (restringir a expressão de afeto e demarcar limites). Vejamos cada uma dessas opções.

Deixar-se invadir pelo sentimento do outro e não oferecer resistência
O custo principal aqui é perder os espaços de referência e transformar a relação em algo sumamente enjoativo. Não colocar limites e se entregar a uma pessoa histriônica implica aceitar as consequências de uma sedução constante e de um amor que se manifestará segundo por segundo. Os que escolhem essa estratégia de convivência devem reunir duas condições: estar em bom estado físico e não ser claustrofóbicos. Reconheço que há gente que quase nunca se sente invadida por nada nem por ninguém; no entanto, a grande maioria dos seres humanos marca uma zona de exclusão buscando salvar a sua autonomia. Precisam de momentos de solidão para funcionar bem. Caso contrário, o acúmulo e a pressão externa ou interna, ainda que estejam patrocinadas pelo amor, sempre produzirão uma reação agressiva ou defensiva: essa é a resposta natural da vida quando lhe tiramos a mobilidade.

Um paciente comentava comigo que as relações sexuais com a esposa haviam se transformado numa verdadeira tortura porque ela avaliava o grau de atração que exercia sobre ele por meio da rigidez da ereção do pênis. A senhora, saiba-se lá com que método, havia desenvolvido a habilidade de medir, com o toque, a vontade do marido. Se a rigidez não estava no nível esperado, o interrogatório era inevitável: "Você não gosta de mim como antes?", "Tem alguma coisa errada?", "Fiz algo mal?". E depois chegava ao imperativo categórico: "Mostre o quanto me ama!". A angústia desse homem era tamanha que um dia me pediu um atestado que o liberasse de suas obrigações matrimoniais devido ao stress que sofria.

Os comportamentos que guiam esta estratégia são:

- Ter paciência se a pessoa histriônico-teatral tem ataques de ira.
- Não reprimir a expressão de afeto dela.
- Ser detalhista, tanto verbal quanto materialmente.
- Jamais esquecer aniversários e outras datas importantes.
- Elogiar e exaltar sempre os seus encantos e as suas qualidades.
- Não tentar assumir posturas intelectuais nem muito profundas.
- Dar carinho e amor sem limites.
- Deixá-la chamar a atenção sempre que quiser.
- Acompanhar a emotividade dela.
- Jamais rejeitá-la quando se aproxima ou lhe dizer "não".
- Não reprimir os seus faniquitos.

Você poderia entregar o seu espaço vital e deixar que o amor do outro o esmague, ainda que seja docemente? Você se adaptaria às necessidades dela ou dele, apesar das exigências de um afeto que faz demandas sem cessar para que tudo "funcione bem"?

Colocar limites ao amor torturante e defender a autonomia pessoal

Os que decidem agir seguindo uma estratégia linha-dura defenderão a sua soberania pessoal a todo custo. Não vão aceitar sentir-se asfixiados pelo amor, tampouco irão se resignar a ter uma vida superficial e não desejarão que o parceiro passe pelo ridículo de chamar a atenção de maneira inadequada. Ou seja, a posição não será permissiva: "Ou você muda a sua maneira de ser por uma mais recatada, ou vou embora". Há apenas um senão: quando se tira o afeto de uma pessoa histriônica, sua reação quase sempre é violenta e pode vir acompanhada não só de birras, mas também de tentativas de suicídio.

Os seguintes comportamentos definem a estratégia linha-dura:

- Não aceitar nenhum tipo de manipulação, seja qual for a circunstância.
- Demarcar claramente o território e o próprio espaço, sem deixar que o parceiro o transpasse.
- Exercer o direito de não expressar nem receber afeto, deixando claro que até o amor requer consensos.
- Censurar o parceiro quando ele tenta chamar a atenção em público.
- Ter atividades pessoais sem a companhia do outro.

- Não cair na armadilha da sedução quando não se quer.
- Criticar a superficialidade, se existir.
- Não se resignar a uma vida sexual pobre.
- Equilibrar o emocional e o racional.

Você é capaz de escolher esta estratégia e assumir as consequências? Lembro que retirar a atenção ou o afeto de uma pessoa histriônica é ativar uma bomba. De toda forma, se o grau de tortura é alto, colocar limites se transforma numa necessidade vital impossível de negociar. É preciso fazer isso com ternura e paciência, explicando as razões e dialogando. Não acredito que uma estratégia crua e sem consideração, utilizada por muitas pessoas quando estão desesperadas pelo assédio afetivo, conduza a algo positivo. Tenha presente que o amor histriônico é exponencial: a cada grama de amor que você entregar, receberá vários quilos. Fazer por bem é melhor.

Até onde negociar?

Acredito que com essas pessoas existam aspectos para negociar porque a sua estrutura mental não está direcionada a menosprezar nem a minar o outro. Chega-se à falta de respeito por excesso e não por defeito, por baixa autoestima e não por arrogância. Além disso, o amor já existe em grande quantidade, mas é preciso aprender a dosá-lo. Se é certo que não podemos obrigar alguém a nos amar, podemos, sim, pedir que dose as suas expressões de afeto e as emoções associadas.

Um paciente, casado com uma mulher histriônica, dizia: "Acho que avancei muito com ela. Já respeita mais os meus momentos e sinto que está mais controlada...

Mas a minha sensação é de que estou educando uma menininha... Acho que apenas a estou descobrindo...". E é assim. Alguns se decepcionam e não têm paciência, outros terminam se apaixonando mais. O que poderia ser negociado? Por exemplo, redefinir os espaços pessoais, criar momentos de racionalidade, resolver os problemas da vida cotidiana de maneira consensual, reavaliar a sedução, aprender a discriminar quando e onde é propício ser o centro das atenções, resgatar a solidão como um direito de ambos, dar novo significado ao sexo, desenvolver *hobbies* ou atividades individuais que permitam canalizar a capacidade criativa do histriônico (teatro, pintura, dança, moda) e deixar de lado o pensamento simplista e superficial para ir desenvolvendo pouco a pouco certo interesse por temas mais profundos e complexos. Tudo isso requer esforço, vontade e, às vezes, ajuda profissional. Você decide.

Como reconhecer uma pessoa histriônica antes de se apaixonar

Se você acha que o estilo afetivo histriônico-teatral não faz o seu tipo, não esteja tão certo disso. Você poderá mudar rapidamente de opinião quando tiver diante de si uma pessoa exibicionista fazendo das suas. Quem cai com mais frequência na teia histriônica? As pessoas que apresentam um esquema de *ingenuidade/credulidade*, cujo lema é: "Quero acreditar que você me ama de verdade". A candura interpessoal durante a conquista faz estragos. Uma paciente muito incauta, depois de sair duas vezes com o típico Don Juan, concluía: "Sinto que ele foi sincero... Creio que viu algo especial em mim... Não serei uma a mais, meu coração me diz...". Quando tiveram relações sexuais, o homem desapareceu. O coração também mente e erra. Sejamos realistas e um pouco mais maliciosos: a exclusividade apenas se consegue com o tempo compartilhado e bastante amor, coisa que é impossível em vários encontros. "Gosto de gostar de você" e "Você gosta de mim porque gosto de você" são premissas que o arrastam a um amor torturante.

Alguns dos seguintes tópicos podem servir para identificar as pessoas histriônico-teatrais:

- São chamativas, seja na forma de vestir, na maneira de falar, nos movimentos e nos gestos.
- São passionais em tudo o que dizem e fazem.
- Sempre estarão atentas para dizer o que você espera escutar ou para adular exageradamente, inclusive quando você não merece o elogio.
- Não conhecem a discrição. Assim, é provável que, em poucos minutos em um lugar público, tornem-se o centro dos olhares e dos comentários.
- São comuns frases como: "Esta é a noite mais feliz da minha vida", "Nunca havia conhecido alguém assim", "Sou uma pessoa de muita sorte". O problema não está no conteúdo das frases, que podem ser verdadeiras, mas na rapidez com que são ditas.
- Por tamanho exagero demonstrativo, não é improvável que você se choque com um enorme "não" se tentar passar muito rápido do "jogo sedutor" ao "jogo sexual". Você terá lido mal os códigos. Lembre que, para os histriônicos, sedução e sexo não estão necessariamente ligados, mas isso não descarta que o ato possa ser consumado.

- É muito provável que existam carícias, aproximações comprometedoras e às vezes intrusivas, assim como perguntas muito diretas que farão você se colocar na defensiva diante de tantas investidas ou se assustar sem saber o que fazer.

Um paciente chegou um dia à consulta extremamente envergonhado: "Sinto muito, de verdade, sinto muito... Juro que apliquei tudo o que você me ensinou, mas a beleza dela foi mais forte, o corpo, a pele, o perfume dela, a sedução, a simpatia, enfim, doutor, entre ela e você, decidi por ela. Não importa que me repreenda, mas ninguém teria resistido a essa mulher. Se você a visse! E o pior é que acho que já estou começando a me apaixonar... Não é que as suas técnicas não funcionem, mas deveria melhorá-las. Apesar de tudo, posso seguir sendo seu paciente?" Minha resposta foi simples: "Vamos começar de novo".

Quando você é o histriônico-teatral. Algumas considerações

Recordo de uma das fábulas de Augusto Monterroso, *O cão que desejava ser humano*, na qual o autor conta o caso de um cachorro que "havia metido na cabeça que iria virar humano" e, depois de vários anos de esforço, havia conseguido andar em duas patas. No entanto, algo o delatava: seguia mordendo, dava três voltas antes de se deitar, salivava quando os sinos batiam e, à noite, gemia quando via a lua. Moral da história: cada um tem uma essência que o define, e aceitá-la é um sinal de saúde mental. Sem vaidade, sem adornos desnecessários, sendo quem se é de corpo e alma.

Como você já deve ter concluído com a leitura deste capítulo, a sua autoestima deixa muito a desejar. Você acredita que vale pelo que aparenta, e não pelo que é. Não nego que a simpatia e a aparência física sejam ingredientes importantes durante a conquista, mas não são definitivos nem contundentes para o que ocorre a seguir. Depois da conquista, no olho no olho obrigatório e inevitável, o que pesará é o seu ser, a sua visão de mundo, a ternura, ou seja, a pessoa verdadeira, sem camuflagem e sem a lógica decorativa que o caracteriza.

De maneira alguma critico a emotividade em si. Mas reconheço que a capacidade de expressão se embeleza com a participação de duas virtudes: a *prudência* (a capacidade de discernir onde, como e quando é conveniente fazer ou deixar de fazer algo) e a *sobriedade* (não exagerar nem ir aos extremos). É evidente que você tem dificuldade para levar a um bom termo essas duas virtudes, porque há momentos em que as emoções o empurram a atuar sem moderação, não importa o custo. O que fazer? Cultivar a simplicidade, o contrário da ostentação, da pompa, do fausto. E quando falo de simplicidade, não me refiro ao simplório ou ao sem-sal. A sua graça deve continuar, mas adaptada à razão. O filósofo Comte-Sponville disse a esse respeito: "A simplicidade não é inconsciência, a simplicidade não é estupidez. O homem simples não é um simplório. A simplicidade, ao contrário, é o antídoto da reflexão e da inteligência, porque as impede de aumentar...".

Por que você é assim? É possível que os seus pais tenham reforçado em você a conduta de chamar atenção ou que tivesse próximos modelos histriônicos para serem imitados.

Muitas famílias consideram a beleza, a sedução e a fama como valores importantes que devem transmitir aos filhos. Tampouco podemos descartar que você tenha herdado um sistema nervoso muito reativo e sensível. Como verá, o seu comportamento é explicável. A ajuda profissional, neste caso, tem bom prognóstico, pois será orientada a moldar e a regular o seu estilo para que você consiga um equilíbrio saudável. Nenhum terapeuta sério tentará arrasar a sua identidade; ao contrário, o que fará será canalizá-la para que você tire maior proveito das suas habilidades naturais. Não obstante, qualquer terapia que você inicie implicará um esforço racional que nem sempre é fácil para alguém acostumado a ser governado pelos sentimentos. Nos livros *Amar ou depender* e *Os limites do amor*, proponho alternativas que poderão servir para você.

PARTE II

ESTILO PARANOICO-VIGILANTE

O amor desconfiado

Que solidão é mais solitária do que a desconfiança?
GEORGE ELIOT

Se você tem a má sorte de estar com alguém paranoico, será considerado culpado até que demonstre o contrário. Para ele ou ela, não importa a sua boa conduta nem as demonstrações de amor, você sempre estará na lista negra dos inimigos potenciais; tudo o que você fizer sempre esconderá uma "segunda intenção". A premissa do paranoico-vigilante é desumanizadora: "As pessoas são más e, se baixarmos a guarda, nos machucam", incluindo a família. Ser receoso e contra-atacar é a sua melhor forma de sobreviver num mundo percebido como hostil e explorador. O amor desconfiado coloca o outro sob suspeita e o obriga a apresentar provas que demonstrem a sua fidelidade e lealdade. Mas o amor e a desconfiança não são compatíveis, não importa quantos "certificados" sejam apresentados. Não se encaixam sob o mesmo teto.

Sara era uma mulher de trinta anos, casada e com duas filhas pequenas. Estudava odontologia e dividia o tempo entre a universidade e sua casa. O marido, Felipe, era um homem de 42 anos com um perfil claramente paranoico, que passava grande parte do tempo vigiando a mulher. A "verificação" consistia em um sem-número de estratégias fiscalizadoras: comprovar chamadas telefônicas, revisar o recibo dos gastos, persegui-la, chegar sem avisar nos lugares onde ela estava, buscar contradições nas informações, revisar a correspondência, enfim, um agente da CIA era um simples amador comparado com Felipe. Uma das "provas" era muito humilhante para Sara. Às vezes, quando chegava tarde da universidade, ele a esperava com cara de monstro, a levava por um braço ao quarto e pedia para ela tirar a roupa. Então, cheirava a sua roupa e a suas partes íntimas a procura de algum vestígio masculino que pudesse delatá-la. Claro, nem sempre Felipe era assim. Quando o esquema de desconfiança estava desativado – o que ocorria só de quando em quando –, era terno e muito amável, mas sob os efeitos da paranoia, se transformava numa pessoa insuportável e ameaçadora.

Numa consulta, perguntei a ele por que continuava com suspeitas se nunca havia conseguido confirmá-las. A resposta foi desconcertante: "Não é assim tão simples... Ela é muito inteligente. Às vezes, penso que faz 'das suas' tão bem que não deixa provas". Sara não tinha escapatória: não importava qual fosse o seu comportamento, estava moralmente condenada. Quando ela foi se consultar comigo, diagnostiquei uma depressão moderada e um transtorno de pânico, por certo resultantes da situação "sem escapatória" em que ela se encontrava: não conseguia deixá-lo porque o amava e não era capaz de sugerir que ele pedisse ajuda profissional porque o temia. Sua relação conjugal era uma prisão, e o homem que ela amava, o carcereiro.

Para Felipe, a coisa não era melhor. Sua tragédia consistia em amar a sua "melhor inimiga". Assim, enquanto ele tentava se defender dos supostos ataques e infidelidades de Sara, ela submergia cada vez mais no desespero. Um dia, deixaram de ir às consultas. A última notícia que tive é que ainda estão juntos.

Viver com o inimigo

Concordamos que a desconfiança nem sempre é contraproducente. Para alguém que trabalhe numa agência de espionagem, a suspeita é uma boa ferramenta de sobrevivência, ou para um soldado em plena guerra, ou inclusive para alguns migrantes que chegam a terras hostis. A criança costuma ser desconfiada diante de estranhos, e isso garante a sua segurança frente a possíveis predadores. Se você anda por um bairro perigoso onde poderá ser assaltado, "confiar na sorte" seria uma estupidez; nisso concordamos. O problema com o estilo paranoico-vigilante é que a suspeita se generaliza irracionalmente e se transforma num modo de vida.

A inaceitável proposta afetiva do amor desconfiado gira ao redor de três esquemas destrutivos: "Se eu lhe der amor, você se aproveitará de mim" (*inibição defensiva*), "Se não estiver vigilante, você me enganará" (*focalização maladaptativa*); e "O passado o condena" (*fatalismo afetivo*).

INIBIÇÃO DEFENSIVA: "SE EU LHE DER AMOR, VOCÊ SE APROVEITARÁ DE MIM"

Como disse antes: "apaixonado pelo inimigo". Existirá maior paradoxo para um paranoico? Entrar numa relação afetiva implica baixar as defesas e deixar que o outro atravesse nossas barreiras; "se entregar" significa tirar as máscaras e se mostrar livremente como se é. Pois bem, para alguém que apresente um estilo paranoico-vigilante, isso que foi dito é visto como um ato de traição a si mesmo, uma forma infame de suicídio psicológico. Amor malicioso e cético: "Amo você com reservas e dúvidas, com prudência e recato; amo você na defensiva e na retaguarda". Será esse um bom amor se os requisitos forem tantos e tão mesquinhos? Uma mulher com traços paranoides dizia: "Nunca me abro por completo com os outros... Não vou correr o risco de que alguém me conheça de verdade, de modo algum! Ao contrário, mostro o que me convém e faço o possível para não me apaixonar, pois sei que se me apaixonar, esmoreço e fico à mercê do outro para que se aproveite de mim". Amor em estado de guerra e pronto para o contra-ataque. Dissimular o que sentimos, conter, diminuir para que ninguém possa penetrar no *bunker* pessoal: isso não é amor, mas plano estratégico. O curioso é que meu paciente se lamentava da solidão. Para alguém assim, qualquer relação estável é pouco menos que se trancar num quarto com Hannibal Lecter.

Certa vez um homem me confessou a razão da sua "continência afetiva": "Na verdade, faço de propósito. Ainda que a ame muito, prefiro dosar o carinho para que ela não se aproveite da relação. Assim, tudo vai bem e a tenho sob controle". Quando respondi que uma relação assim era nociva para ambos e muito difícil de levar, ele logo expressou discordância: "Pois ela não se traumatizou e não nos separamos. Não vejo problema". A prevenção, nesses casos, ofende. Se o meu parceiro acreditasse que pretendo me aproveitar do seu amor em algum sentido, eu pediria que ele mudasse ou não poderia seguir com a relação.

Focalização mal-adaptada: "Se não estou vigilante, você me enganará"

A *leitura da mente* é a distorção cognitiva preferida do paranoico. Quase sempre está "pensando no que o outro pensa que ele pensa" e escavando as intenções do parceiro. A angústia gerada pela suspeita nessas pessoas é tal que alguns sentem alívio quando as suas hipóteses se cumprem. Preferem o fato consumado da traição, ainda que doa, à incerteza cotidiana. Alguém que havia descoberto uma infidelidade da esposa, me disse com alívio: "Ao menos terminou, a suspeita estava me matando".

Será preferível a dor da incerteza resolvida à felicidade provável?

Ciúmes reais ou imaginários, justificados ou delirantes, passados ou futuros, todos doem de forma igual e causam os mesmos estragos. Se o seu parceiro flerta de forma descarada debaixo do seu nariz, e você fica furioso, isso é normal. Ninguém gosta de chifres, muito menos diante de si. O que uma pessoa "normal" faz numa situação como essa? Encara a questão, diz honestamente o que pensa e estabelece um precedente não violento a esse respeito. Mas também é possível que, se você for adepto da filosofia do *swing*, goste de ver a sua metade da laranja flertando – é claro, se a fantasia for compartilhada. Cada um tem os seus gostos e os custos associados; o importante é respeitar os acordos e que exista certa compatibilidade de fundo. Por exemplo, não imagino um paranoico com uma pessoa histriônica.

Os ciúmes patológicos são diferentes. Surgem sem nenhum fundamento, e o ciumento começa a estabelecer correlações ilusórias e a atar fios que não estão soltos. As interpretações errôneas são disparadas todo o tempo e podem chegar a constituir um *transtorno delirante de ciúme*. Vejamos um exemplo ilustrativo: um paciente tinha certeza de que a mulher fazia amor com alguém enquanto ele dormia ao seu lado e, por isso, havia se decidido a passar as noites em claro e agarrar o intruso com a mão na massa. É desnecessário dizer que nunca topou com o suposto amante. Mas talvez o que incomode o paranoico seja o orgulho ferido, uma vez que o fato de ser enganado quebre traiçoeiramente um pacto preestabelecido de exclusividade afetivo-sexual. Nesse ponto, vale a pena esclarecer que a "honra manchada" e a "dignidade territorial" não são só um problema masculino, mas também das mulheres. Vejamos parte de um diálogo que mantive com uma mulher que havia descoberto que o marido lhe era infiel, mas não queria deixá-lo.

TERAPEUTA: Você o ama?
PACIENTE: Não muito.
TERAPEUTA: Então, por que segue com ele? São justificados os gritos, as brigas, as perseguições e todo o escândalo que fizeram?
PACIENTE: Ele é meu, mesmo que não queira.
TERAPEUTA: Há uma coisa que não entendo bem... Se você não o ama, o que lhe perturba?
PACIENTE: O orgulho, a dignidade... Uma mulher tentou tirar o que me pertencia. Meteu-se na minha vida...
TERAPEUTA: Insisto, não será melhor deixar tudo de lado por um tempo em vez de fazer tanto problema, de sentir tanto rancor e ódio? Isso poderá deixá-la doente...
PACIENTE: Doente?! Isso me mantém viva! Ele tem de pagar!
TERAPEUTA: Pagar?
PACIENTE: Tem de me ressarcir do dano que causou.
TERAPEUTA: Mas de que maneira você se sentirá satisfeita?
PACIENTE: Ainda não sei. Tem uma dívida comigo e até que a pague, não o deixarei em paz...

Quando se juntam infidelidade e rancor, tudo voa pelos ares. O perdão não encontra espaço e as segundas oportunidades são tão distantes como a paz mundial.

FATALISMO AFETIVO: "O PASSADO O CONDENA"

Um jovem paciente vivia angustiado pelo passado afetivo da sua parceira. A sua mente não concebia que ela tivesse tido alguns pretendentes e um namorado antes dele. Na sua busca insaciável e quase masoquista por saber tudo, o homem procurava além da conta. As suas perguntas eram inquisitórias: "Você o beijava?", "Deixava ele lhe tocar?", "Você usava minissaia?", "Como te beijava, com língua ou só de maneira superficial?", "Pegava no pênis dele?", e por aí vai. Da sua parte, a mulher contava tudo com riqueza de detalhes, acreditando que com isso o homem se tranquilizaria. Mas o efeito era exatamente o contrário: cada relato era como jogar gasolina numa fogueira. Este é um trecho de uma conversa que tive com ele:

TERAPEUTA: Por que você fica tão ansioso por algo que aconteceu antes de conhecê-la?

PACIENTE: Fico desesperado em pensar que ela foi feliz sem mim... Não aceito.

TERAPEUTA: Você se refere ao lado sexual ou também ao afetivo?

PACIENTE: A tudo! Gostou de outro, foi feliz com ele, sentia saudades dele, o beijava, gostava! Você não percebe o que isso significa?

TERAPEUTA: Creio que ela se comportou como qualquer mulher. Não vejo nada de preocupante...

PACIENTE: Ficava de amassos com esse namorado idiota que tinha!

TERAPEUTA: Bom, mas todos os namorados do mundo fazem isso...

PACIENTE: Eu preferiria uma mulher de antigamente e ser o único em sua vida.

TERAPEUTA: Na verdade, você é o último... Ela é fiel a você e o ama hoje, não é suficiente?

PACIENTE: Já me enganou!

TERAPEUTA: Como assim?

PACIENTE: Ela me trai desde que tinha dezesseis anos, desde que esteve com seu primeiro homem...

TERAPEUTA: Mas você não existia na vida dela! Ela não o conhecia!

PACIENTE: Não importa, ela fez...

Não houve poder humano nem terapêutico que o fizesse mudar de ideia. Ele não foi capaz de modificar o esquema que dava origem aos ciúmes e, por fim, a relação foi rompida com um grande custo emocional para ele e especialmente para ela, que, depois de tantas análises retrospectivas, terminou se sentindo culpada por seu passado "obscuro". Ciúmes regressivos, exclusividade radical e retroativa, inclusive antes de existir. Haverá maior sentido de posse, uma forma de ressentimento mais anacrônica e irracional? O estilo paranoico se deleita com a lembrança de eventos negativos, tira conclusões absurdas e depois censura sem piedade. Para as pessoas muito ciumentas e rancorosas, o tempo não limpa as feridas, as exacerba e as mantém abertas.

Por que nos envolvemos numa relação paranoica? As vantagens da suspeita

Há gente para tudo, inclusive para as relações paranoicas. Não é que se sintam atraídas pelo estilo em si, mas pelos dividendos secundários que se desprendem do vínculo, e porque assim conseguem compensar algum déficit pessoal. Essa busca ou envolvimento, como ocorre com a maioria dos casos, não é feita sempre de forma consciente; ocorre quando a possível vítima sente que o outro contribui para suprir certas necessidades. A atração pelo mal, com o tempo, vai configurando uma dependência afetiva muito difícil de se erradicar.

Se você apresenta algum dos seguintes esquemas mal-adaptativos e suas necessidades associadas, é provável que o estilo paranoico-vigilante e o amor desconfiado que dele se desprende terminem atraindo você: "Preciso de alguém que justifique e acompanhe o meu isolamento" (*cão-guia social*), "Preciso que você seja ciumento e sofra por mim para eu sentir que o seu amor é verdadeiro" (*sofrimento confirmatório*) e "Necessito que você me ajude a identificar os inimigos" (*desconfiança empática*).

O cão guia social: "Preciso de alguém que justifique e acompanhe meu isolamento"

As pessoas introvertidas ou com ansiedade social podem encontrar nos sujeitos paranoicos um bom aliado para não estar perto dos outros, ainda que as suas motivações sejam distintas. Enquanto o estilo paranoide procurará evitar que os demais se aproveitem dele, a pessoa tímida evitará se expor à crítica de quem a rodeia. O pagamento "afetivo" desses casais será o temor.

O que têm em comum é o tédio pelos outros, e por isso preferem tomar distância e incrementar a sua territorialidade. O paranoico dirá: "Se me conhecerem, verão minhas debilidades e tentarão me manipular ou me atacar". A pessoa que padece de ansiedade social dirá: "É certo que passarei por ridículo". Conheci mais de um casal que estabelece esse tipo de "aliança estratégica" na qual a chave que os aproxima é padecer de transtornos similares. Amor confortante, além de compensatório.

Uma pessoa tímida, socialmente ansiosa ou introvertida encontrará no estilo paranoide um respaldo para o isolamento social. Poderá pensar que é uma maravilhosa coincidência, quando na realidade não será mais que a manifestação de duas patologias comuns.

Sofrimento confirmatório: "Preciso que você tenha ciúmes e sofra por mim para eu sentir que o seu amor é verdadeiro"

Ciúmes como confirmação. A dor e a preocupação do outro são vistas como um indicador confiável de que o amor está vigente. "O seu sofrimento me excita, a dor que você sente por mim me enaltece" (sadismo amoroso?). É a visão do amor sofredor, como sugeriu Platão, o amor descontrolado e maníaco, o amor inseguro e obsessivo que teme perder o amado ou a amada. Na posse, o outro passa a ser um objeto sem voz nem voto. Quando um apaixonado afirma "Você me pertence" e o outro entra em êxtase, há dois transtornos que se retroalimentam. O predador e a sua vítima começam a funcionar em sincronia: "Possua-me, cuide-me e enlouqueça por mim" (o dependente), e "Devo vigiá-lo porque acredito que você vai me deixar" (o paranoico). Como encontrar uma pitada de racionalidade em semelhante conluio? *Sofrimento confirmatório* de parte a parte: um porque duvida, e o outro porque se considera perseguido. Eros enlouquecido.

Para as pessoas que veem nos ciúmes uma forma emocional de compromisso afetivo, o amor sem sofrimento carrega a suspeita do desamor. Uma das minhas pacientes sustentava assim esta filosofia de padecimento amoroso:

Paciente: Meu companheiro sofre muito por mim...
Terapeuta: E isso não a preocupa?
Paciente: Pobre...
Terapeuta: Por que você ri?
Paciente: Não pode viver sem mim...
Terapeuta: Mas ele sofre muito, não é?

PACIENTE: Tem medo de me perder, acredita que não o amo o suficiente...

TERAPEUTA: Mas você me disse que sim, que o ama...

PACIENTE: Sim... Mas gosto de vê-lo desesperado por mim, me cuidando a todo o momento, assustado. Nunca havia sido tão amada!

TERAPEUTA: De toda a forma, é um amor muito desconfiado e típico de um estilo paranoide, que pode ser perigoso... Você não está brincando com fogo?

PACIENTE: Eu adoro!

TERAPEUTA: Não acha que o fato de ele desconfiar tanto de você pode minar a sua autoestima de alguma forma? Ele age como se você fosse uma mulher muito "fácil"...

PACIENTE: Pelo contrário! Minha autoestima é maior ainda! Não vê que esse homem morre por mim?

TERAPEUTA: Você não se sente asfixiada com tanta pressão e controle?

PACIENTE: Eu me sinto amada!

TERAPEUTA: E quando você se cansar?

PACIENTE: Nunca vou me cansar!

A relação acabou aos cinco meses porque a perseguição do homem terminou em agressão. A essência dos ciúmes se reflete numa violência armazenada que vai aumentando. Minha paciente subestimou o risco em que se encontrava e confundiu o desespero do paranoico com o furor do amor passional, e obviamente estava errada.

O paranoico é especialista em zelar, espreitar, espiar e emboscar o parceiro. Para alguns, essa atitude doentia é sinônimo de um grande amor, quando na realidade é sintoma de uma doença. Um homem que saía com uma mulher vinte anos mais jovem, muito ciumenta e desconfiada, me contava: "Sei que ela se excede, sobretudo quando arma escândalos e tem ataques de ciúmes, mas, para ser sincero, nunca me senti tão amado". Na realidade, deveríamos dizer "tão assediado", mas o meu paciente não via a diferença.

Desconfiança empática: "Preciso que você me ajude a identificar os inimigos"

Este esquema é uma variação do *cão-guia social*, mas muito mais acentuado. Se ali os medos eram similares e congruentes, aqui são idênticos e superpostos: amor desconfiado em dose dupla. As pessoas prevenidas ou com traços paranoides podem, no começo, se sentir atraídas pela vigilância e suspeita de outros paranoides, ainda que depois cada um termine desconfiando do outro. O lema que os move é: "Somos dois para nos cuidar desse mundo que ameaça nos destruir".

"Minha alma gêmea!", declarava uma mulher maravilhada por ter encontrado um homem mais desconfiado do que ela. Quatro olhos enxergam mais do que dois, é verdade, e se além disso os corações batem numa frequência parecida, o vínculo será irrevogável. Estilos afetivos entrelaçados por metas comuns e vitais: detectar inimigos, prevenir calotes e escapar do abuso. Haverá maior identidade do que compartilhar estratégias de sobrevivência?

Imaginemos o seguinte diálogo, durante o envolvimento virtual motivado por uma *desconfiança empática*:

Ele: As pessoas não prestam...
Ela: Não é para tanto, mas não dá para confiar.
Ele: Isso! Vejo que você é da minha turma!
Ela: Pode ser... E qual é a sua turma?

ELE: Não baixar a guarda, estar alerta, não se pode confiar nos outros... Basta ler os jornais para saber o que acontece...

ELA: Concordo com você... Eu sou muito cuidadosa, por isso não caio com facilidade...

ELE: Eu sou igual...

ELA: Você confia em alguém?

ELE: Na minha mãe... Às vezes. E você?

ELA: No meu pai... Na medida do possível...

ELE: Você confia em mim?

ELA: Acabo de conhecer você! Por acaso você confia em mim?

ELE: Acabo de conhecer você!

ELA: Não acho que poderei um dia confiar num homem...

ELE: Eu penso o mesmo das mulheres...

ELA: Somos muito parecidos...

ELE: Vamos sair amanhã?

ELA: Eu adoraria!

Compatibilidade de caracteres muito ciumentos: convivência e alerta máximo, cautela e sedução, orgasmos e prudência. Lembro de um casal de amigos com essas características cuja relação durou mais do que o esperado. Quando os visitava, não deixavam de me surpreender. Se o telefone tocava, se escutavam um barulho ou se alguém batia na porta, o reflexo de orientação parecia guiado por um satélite: "Quem será?", se perguntavam com um gesto de preocupação marcante. Outro momento incômodo era quando se interrogavam com malícia: "O que você quis dizer com isso?", "Por que me pergunta?", "Qual é a sua intenção?", "Por que não tinha me dito antes?", e por aí vai. Não eram dois egos misturados, como dizia Rilke, mas duas suspeitas que se requisitavam mutuamente durante as 24 horas do dia. Viviam entrincheirados em casa, saíam pouco e quase não tinham amigos (ainda que conhecessem cada movimento dos vizinhos). Por sorte, não tiveram filhos.

Podemos nos relacionar de forma saudável com uma pessoa paranoica?

Jesus disse que era preciso amar o inimigo, mas nunca sugeriu que tínhamos de viver ou casar com ele. Inteligência espiritual ou emocional, dá no mesmo: ele tinha razão. Amar de forma saudável não implica que devamos justificar ao outro cada um de nossos comportamentos, dar provas de seriedade moral ou jurar que não somos parte de uma rede terrorista, como exige o amor desconfiado.

Estratégias de sobrevivência afetiva

Para se relacionar com o estilo paranoide, a maioria das pessoas recorre a duas formas básicas de enfrentamento: submeter-se de forma resignada ao interrogatório do outro sem retrucar ou se rebelar da audiência acusatória. Vamos a cada uma delas e às consequências.

Acatar a vigilância paranoide e dar "explicações" cada vez que sejam requeridas

Uma paciente casada com um homem extremamente desconfiado resumia assim a sua tática de sobrevivência: "Eu sei que deveria ser mais forte, mas a única maneira de 'levar a vida' é dar tranquilidade a ele e fazer com que veja que sou uma pessoa confiável". Eles estavam há mais de vinte anos juntos e ela devia dar provas para demonstrar o bom comportamento. As pessoas que utilizam essa estratégia mantêm a ilusão de controle da situação; no entanto, o que tal união faz é reforçar a desconfiança do paranoide e que o outro perca a cada dia mais autonomia.

Vejamos alguns comportamentos que definam essa atitude:

- Evitar tomar iniciativas para não alimentar suspeitas.
- Evitar as críticas ou qualquer tipo de questionamento entre o casal, mesmo que sejam mínimos e justificados. O paranoico verá ali a origem de uma conspiração contra a sua integridade pessoal e reagirá com hostilidade e receio.
- Evitar brigas ou discussões, já que qualquer alegação ficará gravada a fogo na memória dele e ele a usará sempre como "prova" em causa própria.
- É preciso ser muito claro e específico em cada coisa que seja dita e feita para evitar mal-entendidos.
- Para evitar os ciúmes, é melhor ter apenas um ou dois amigos ou amigas (aceitos pelo paranoico), sair pouco, prestar contas com frequência e limitar a liberdade.
- Manifestar contínuas mostras de respeito e lealdade.
- Oferecer a ele todas as informações solicitadas.
- Aprender a lidar com as crises de ansiedade, que serão muitas e intensas.
- Não tomar a iniciativa em questões sexuais porque isso causará dúvidas nele.

Você é capaz de viver sob a vigilância e observação de seu parceiro como se você fosse uma pessoa potencialmente desleal ou traiçoeira? Nem o casamento é uma prisão domiciliar santificado pelo amor, nem o namoro é um exame de idoneidade moral.

Não acatar nenhuma exigência irracional e se declarar em desobediência

Se você se negar a entrar no jogo destrutivo do amor desconfiado, será confirmado como o inimigo principal do seu parceiro. Não se acomodar às exigências será visto por ele como um ato imperdoável de alta traição, e, se antes ele duvidava de você, confirmará amplamente as suspeitas. Assim, colocar um paranoide em seu devido lugar não é uma tarefa fácil porque a ansiedade dele será diretamente proporcional ao seu grau de liberdade.

Alguns dos comportamentos que definem essa atitude são:

- Se não existe confiança, não há relação sadia. Com ou sem ajuda, o paranoico deve aceitar correr os riscos naturais de qualquer relação.
- Isso implica que a relação deve ser recíproca e equilibrada no que diz respeito à liberdade de cada um.
- O rancor não é aceitável em nenhuma das suas modalidades. Se há ressentimentos incrustados, o amor irá se extinguir.
- Exigir o direito à informação sobre os bens econômicos compartilhados, que são geralmente escondidas pelo sujeito paranoico devido ao medo de ser vítima de um "golpe matrimonial".

- Deixar claro que qualquer tentativa de agressão ou de perseguição indevida terá resposta e será denunciada às autoridades.
- Eliminar o mau hábito de justificar tudo e dar explicações incômodas e ofensivas sobre a própria conduta.
- Não ser cúmplice em comportamentos ou atitudes paranoicas a respeito de outras pessoas inocentes.
- Apontar os erros e os desvios quando ocorrerem.
- Colocar como condição que o parceiro faça consultas psiquiátricas ou psicológicas.

Muitos apaixonados paranoicos não suportam a liberdade do companheiro e preferem cortar a relação por "segurança pessoal" (o que poderia ser considerado um bom final). Mas outros farão uso do direito à legítima defesa e poderão fazer represálias violentas e/ou assediadoras, o que não assegura um desenlace maduro e pacífico como deveria ser. Você poderia tentar um diálogo construtivo e mostrar que, se ele não mudar a maneira de ser, a relação acabará, mas será como arar no deserto, porque a sua decisão de "poder chegar a prescindir dele" será avaliada como uma afronta moral ou como prova irrefutável de que há uma terceira pessoa.

Até onde negociar?

Como disse no começo, a premissa de uma pessoa paranoico-vigilante é demolidora porque, faça o que fizer, tudo será usado contra você, e, ainda que não seja um infiel em série ou uma "golpista compulsiva", implícita ou explicitamente, tratarão você como tal. Essa atitude não deixa muito espaço para a negociação. Como sustentar uma boa relação com quem o considera desleal e coloca em dúvida a sua solvência ético-moral a todo instante?

As pessoas que estiveram afetivamente sozinhas por muito tempo e depois encontraram alguém que valesse a pena sabem que uma das maiores satisfações é sentir que *agora são dois para passar pela vida.* A reconfortante e bela ideia do companheiro ou companheira não parece existir no sujeito paranoico. Sua visão em espiral não lhe permite processar o amor e a amizade que o companheiro oferece. Não há comparsas, somente atacantes em potencial.

Devo reconhecer que alguns sujeitos paranoicos conseguem mudanças com ajuda profissional. No entanto, as melhoras não costumam se estender à vida afetiva, porque a desconfiança básica como estilo de vida é muito difícil de ser erradicada. Se não há confiança, fica impossível ter uma boa relação. Não importa como a apresentemos: a desconfiança injusta e não fundamentada sempre afeta o acusado; algo se quebra quando a pessoa que diz amá-lo põe em dúvida a sua honestidade. O que negociar, então? Depende de cada um: de quanto amor sente, de seus princípios e valores, de como concebe a relação e, sobretudo, quanto peso você dá para a "confiança interpessoal". Você decide.

Como reconhecer uma pessoa paranoide antes de se apaixonar

Os paranoicos são péssimos dissimuladores. Como pensam que estão arriscando a vida a todo o momento e que estão rodeados de predadores, nunca baixam a guarda.

Permanecerão atentos aos mínimos detalhes, tentando descobrir quão confiável é o novo candidato ou a nova candidata. Não é difícil identificá-los.

Algumas das seguintes regras podem servir como guia:

- Ele/ela não vai querer responder perguntas relacionadas à vida pessoal. Questões normais como, por exemplo, quantos namorados ou namoradas teve, onde mora, em que trabalha e coisas desse estilo serão percebidas de forma negativa. Sentirá medo de que utilizem essas informações contra ele/ela.
- É provável que queira abrir pessoalmente a bebida que vai tomar. Da mesma forma, quando pedir algo para comer, estudará com atenção a comida.
- Não concordará em fazer sexo em lugares desconhecidos, revisará os preservativos com cuidado e tentará manter uma relação afetiva distante para não ser "descoberto".
- Tentará investigar bastante a sua vida pregressa, procurando por indícios suspeitos.
- Estará atento às atitudes que você tomar diante das pessoas do sexo oposto (flertes, olhares, insinuações) para avaliar se você lhe é fiel ou não. Um paciente não voltou a sair com uma mulher depois do primeiro encontro porque, segundo ele, a mulher olhou por uma fração de segundo para um homem bem-apessoado que entrou no restaurante onde estavam.
- Revisará a conta várias vezes e não ingerirá álcool para não perder o controle e manter a vigilância.

- Tenderá a menosprezar as suas próprias conquistas econômicas e profissionais para se assegurar de que você não está atrás do patrimônio dele.
- Você não deve estranhar se depois de poucas vezes saindo juntos ele lhe pedir explicações por algum atraso e/ou lacunas nas informações que você deu. Os ciúmes e o controle não demorarão a aparecer.
- O repertório dele estará repleto de "por quês", tentando entender as suas motivações.
- Em geral, você se sentirá como num exame de ingresso na KGB. No final, sentirá um vazio e terá a desagradável sensação de que deu mais do que recebeu.

Quando você é a pessoa paranoico-vigilante. Algumas considerações

Talvez você tenha razão de pensar que vivemos num mundo perigoso e que devemos estar alertas. Mas acho que você exagera quando considera que está num mundo "totalmente" canibal, porque também existe gente boa. Um avanço importante seria que você pudesse compreender o ponto de vista dos demais e se aproximar deles sem tantas prevenções. Não digo que você baixe por completo a guarda, ao menos no começo, mas que dê aos outros uma oportunidade. Você está preso a um círculo vicioso que funciona da seguinte maneira: se for hostil com alguém já antecipando que vai tratá-lo mal, a pessoa se protegerá da sua hostilidade sendo agressiva e isso confirmará a sua profecia. A crença de fundo que regula a sua desconfiança será fortalecida repetidas vezes. Por isso, sugiro que controle as suas prevenções e veja, na realidade, se as pessoas são tão más como você diz. Insisto: você não está vivendo num campo de batalha, ponha à prova as suas hipóteses.

Algo parecido ocorre com a infidelidade: as pessoas desconfiadas, ao se tornarem assediadoras, empurram os parceiros para os braços de alguém mais sossegado e respeitoso. Você não pode pensar que a pessoa amada é fiel só porque tem um guarda-costas em seu encalço ou porque você não a deixa ir nem na esquina. Corra o risco: não é melhor saber com quem se pode contar? A fidelidade é uma questão de decisão, de vontade e, obviamente, de autocontrole. Minha pergunta é muito sincera: se você sente de verdade que não é capaz de confiar no seu companheiro, por que não o deixa em paz e se afasta?

Se você olhar para trás, é possível que encontre no passado pessoas estranhas ou familiares que o tenham ridicularizado, abusado de você ou o massacrado em algum sentido. As experiências de vergonha, de ter tido uma família pouco confiável ou pais que exploravam as suas fraquezas podem haver criado em você uma predisposição a se manter alerta e a desconfiar de todo mundo. Se não respeitaram os seus limites físicos, sexuais ou psicológicos devido a maus-tratos ou humilhação reiterada, a sua mente se protegeu de si mesma e desenvolveu um estado de hipervigilância que agora você utiliza de forma indiscriminada e que o afastou afetivamente do seu parceiro e de sua família. Você teme as pessoas, acredita que voltarão a machucá-lo e por isso montou a sua logística defensiva. Você se sente frágil. Tudo isso é terrível e talvez explique em parte o seu comportamento. Eu digo "em parte" porque, segundo alguns especialistas no assunto, também existem fatores hereditários e biológicos que poderiam ter incidido na formação da sua personalidade. Minha recomendação é que você procure ajuda, não importa o quão graves sejam os sintomas. Sem dúvida você se beneficiaria das novas tecnologias. E isso que lhe digo nada tem a ver com as chamadas "lavagens cerebrais", nem com a colocação de algum chip intracranial para manipulá-lo. Falo de uma terapia eficaz e racional que permitirá a você ingressar no mundo social, de forma amistosa e em paz.

Goste ou não, você precisa se entregar às boas intenções de alguém para se realizar como pessoa. Precisa descansar na confiança alheia para fazer parte da espécie. Com isso, não sugiro que adote uma postura ingênua, crédula ou boboca, mas que aprenda a discernir em quem confiar e em quem não. Ninguém pede que você tenha fé no ser humano em abstrato. Apenas se concentre nas pessoas que conhece bem, deixe que os meses e os anos de conhecimento o carreguem pela mão. Se a pessoa amada nunca lhe fez mal, podendo ter feito, por que não confiar nela? Por que não correr o risco e aceitar o pior que poderia acontecer? Não precisa estar armado até os dentes para dar e receber amor. Kipling, fazendo uso de um pragmatismo inteligente, dizia: "Prefiro acreditar que os outros são melhores do que são, pois isso evita muitas preocupações".

PARTE III

Estilo passivo-agressivo

O amor subversivo

No amor ocorre o paradoxo de que os seres são
um e, no entanto, seguem sendo dois.
Eric Fromm

Sempre me perguntei como teria sido Gandhi no papel de marido, pois, se aplicou na sua relação afetiva os mesmos métodos de desobediência social que utilizou para vencer os britânicos (ninguém menos que os britânicos!), tenho pena de quem foi a mulher dele. Estar vinculado a uma pessoa passivo-agressiva é ter um movimento de resistência civil em casa: sabotagem, insurreição (não armada, mas "amada"), lentidão desesperadora, descumprimento dos compromissos, indolência, tudo junto e imprevisível. Amor ambivalente, desconcertante e conflituoso: nem tão perto, nem tão longe, amor a meio mastro, inconcluso, tardio, adormecido. Amor ressentido e dependente ao mesmo tempo.

Mônica é uma mulher casada com um homem passivo-agressivo. Está desesperada porque vive numa casa por terminar, já que o marido, engenheiro e chefe de obra, nunca completou o projeto. Faz três anos que promete concluir os consertos, mas tudo segue igual. Os banheiros estão sem vasos sanitários, a cozinha não tem torneiras, cabos e tubos estão pendurados. Enfim, para Mônica, é um pesadelo ter de depender do marido, já que ele não move um dedo para deixar o lugar mais habitável. Ele argumenta que Mônica é muito forte e "mandona", e que ele não gosta de fazer as coisas por obrigação. Afirma que tem o seu ritmo de trabalho, e que ela deve respeitá-lo. O marido mudou dezessete vezes de emprego em cinco anos e alega que os chefes não sabem valorizá-lo. Ela tentou ajudá-lo de todas as formas possíveis, sem bons resultados. Numa consulta, resumiu o seu problema conjugal: "Ele me deixa confusa. Às vezes, é terno e querido, mas, em outras, vejo ressentimento no seu olhar e ele simplesmente não me dá atenção. Não sabe o que fazer comigo, nem eu sei o que fazer com ele. Uma vez disse que, se eu fosse menos autoritária, ele funcionaria melhor. Juro que tentei: não dizia nada, não reclamava de nada, e foi pior. A vida sexual não é boa porque ele sofre de impotência... Pode parecer estranho, mas eu sinto que, quando não tem ereções, de alguma forma fica satisfeito. É como se quisesse me tirar do sério e me castigar... Na semana passada, não pagou a tempo a fatura e cortaram a nossa luz. Quando perguntei o que havia acontecido, disse com toda a tranquilidade do mundo que não havia tido tempo... É insuportável viver com uma pessoa assim, tão insegura, tão insensível e pouco confiável! Pensei em deixá-lo, mas quando dou a entender isso, ele chora como uma criança, pede perdão e fica bem por uma semana, mas depois volta a fazer as mesmas coisas".

Como sobreviver a semelhante vai e vem e agressão encoberta? Nada justifica a tortura emocional. O marido de Mônica joga dois papéis opostos de forma simultânea: depende dela e resiste a ela. A pergunta que surge é evidente: é possível ter uma convivência agradável com alguém que precisa de você e o rechaça ao mesmo tempo?

O conflito com a autoridade, real ou percebida, é uma das características principais do amor subversivo. Uma paciente com características passivo-agressivas tinha o costume de contrariar a mãe porque, segundo ela, era uma mulher autoritária. No dia em que minha paciente se formou em medicina, depois de onze anos de estudos, a família organizou uma reunião para festejar o acontecimento. Mas aconteceu algo inesperado. Quando chegava o primeiro convidado, a homenageada saiu furtivamente por uma janela e foi para um parque tomar cerveja por toda a noite. A polícia a encontrou no dia seguinte dormindo embaixo de uma árvore. Quando lhe perguntaram por que havia feito tal loucura, se limitou a responder: "Não entendo por que tanto escândalo só por eu querer tomar umas cervejas!".

A conduta fugaz, esquiva e provocadora dos sujeitos passivo-agressivos vai transformando o amor em irritação e frustração crescentes. Ame o quanto amar, o passivo-agressivo será um conspirador da relação e ao mesmo tempo será incapaz de renunciar a ela.

A insuportável calma do ser amado

Uma coisa é ser tranquilo, não se deixar levar pela impulsividade nem pela ansiedade e sentir-se em paz consigo mesmo, e outra bem diferente é fazer da letargia e da displicência uma forma de viver. Um cirurgião que opera "sem pressa" é cuidadoso, mas um bombeiro "sem pressa" é um perigo para a sociedade. É indiscutível que precisamos de uma dose mínima de preocupação para nos desenvolvermos no mundo de hoje. Tranquilidade demais estressa, esse é o paradoxo, a não ser que estejamos diante de um lama ou sábio, cuja paz é genuína. O passivo-agressivo é outra coisa. Uma senhora que sempre havia sido pacífica, casada havia dez anos com um homem que praticava o amor subversivo, dizia durante um ataque de desespero: "Quero bater nele, doutor, deixe, autorize, diga que é parte da terapia, meu sonho é dar uma dura nele!". Certas formas de tranquilidade, sobretudo as que se transformam em um instrumento de "luta" ou de vingança, são especialmente dolorosas e geram altas doses de agressividade. Os que têm namorados, namoradas, amigas, amigos, amantes, maridos ou mulheres que caminham em câmera lenta e na direção contrária aos ponteiros do relógio sabem a que me refiro.

A inaceitável proposta afetiva do estilo passivo-agressivo é gerada em três atitudes nocivas: "A proximidade afetiva me aprisiona, a distância me deixa inseguro" (*ambivalência interpessoal*), "Devo me opor ao seu amor, mas sem perder você" (*sabotagem afetiva*) e "Mesmo que nos amemos, tudo irá de mal a pior" (*pessimismo contagioso*).

Ambivalência interpessoal: "A proximidade afetiva me aprisiona, a distância me deixa inseguro"

Contam que um burro estava com muita fome, pois fazia muitos dias que não ingeria alimentos. Alguém, aflito pelo sofrimento do pobre animal, levou-lhe um apetitoso fardo de feno e outro de alfafa, igualmente tentadores. Colocou um de cada lado do animal e saiu para que o burro fizesse a grande festa. Depois de um tempo, voltou e teve uma grande surpresa: o feno e a alfafa estavam intactos, e o burro jazia sem vida entre ambos. Havia morrido de fome! Não foi capaz de escolher. Esse relato, conhecido como *O paradoxo do burro de Ballam*, mostra com clareza uma das respostas mais comuns frente a dilemas importantes: a imobilidade.

As pessoas passivo-agressivas se debatem em uma *ambivalência interpessoal* angustiante: precisam ter uma figura de autoridade/proteção (o parceiro), já que se veem a si mesmas como fracas e necessitadas de suporte, mas ao mesmo tempo precisam sentir-se livres e independentes de qualquer tipo de controle (o parceiro). Para elas, o amor se transforma num problema de duas vias: se me dá afeto, é ruim ("me asfixia"), e se não me dá, também ("não suporto a solidão"). Nem contigo, nem sem ti. Para completar, o jogo de se aproximar e se afastar do parceiro de maneira intermitente depende do seu estado de ânimo. Como amar alguém assim e manter a harmonia?

Se você é daqueles que se movem no compasso do parceiro passivo-agressivo, tentando satisfazê-lo, não tenha ilusões: não conseguirá seguir o ritmo dele. Uma paciente liberta desse jugo me dizia: "De tanto tentar agradá-lo e não poder satisfazê-lo, houve um tempo em que acreditava que eu tinha problemas... Dizia para mim mesma seguidamente: o que estou fazendo de mal? Por que não sou capaz de satisfazer esse homem? E depois entendi que ninguém poderia dar o que ele queria, ninguém. Seria preciso alguém com dupla personalidade e eu, a duras penas, tenho uma...". Todos merecemos um companheiro que, sem ser um modelo de virtude, tenha claro se nos quer ou não, e estabeleça um balanço entre os compromissos e a autonomia.

Sabotagem afetiva: "Devo me opor ao seu amor, mas sem perder você"

Então, qual estratégia uma pessoa passivo-agressiva utiliza para tentar resolver o conflito recém-mencionado? Ficar na metade do caminho e apelar para a lei do menor esforço. Mais concretamente, a tática consiste em fazer uso das vantagens que o parceiro lhe dá (segurança, proteção) sem assumir nenhum compromisso nem se incomodar. Aceitar o outro a contragosto e lembrá-lo disso cada vez que possa. Daí surgem os comportamentos oposicionistas, a sabotagem e a resistência: "Aceito você pela metade porque não quero perdê-lo de todo".

O protesto passivo-agressivo não é amigável, é uma proposta tortuosa e nociva para os que o recebem. O amor é visto como um mal necessário que é preciso bombardear, mas não eliminar. Em essência, os esquecimentos, a falta de pontualidade, os trabalhos malfeitos e coisas desse tipo configuram uma forma de terrorismo afetivo e psicológico direcionado a perturbar a ordem estabelecida. A premissa da qual partem é ingovernável: o amor é coercitivo e, portanto, é preciso subvertê-lo.

A sabotagem costuma estar acompanhada de desculpas e altas doses de cinismo que causam cada vez mais desespero às vítimas. Um paciente casado com uma mulher passivo-agressiva relatava assim as relações sexuais que mantinham: "Ela fica quieta como uma morta, a duras penas me beija... Sempre sou eu quem toma a iniciativa, eu que tiro as suas roupas e tenho que fazer tudo para que se excite. Ela quase nunca reage ao que faço... Em geral, termino me masturbando, e ela se limita a me olhar... Quando peço que me ajude, diz que eu pareço um devasso e me abraça com desdém... Uma vez, não dá para acreditar, em pleno ato sexual, acendeu um cigarro e começou a fumar! Imagine! Aceitou ir ao terapeuta sexual, mas das três consultas, só foi a uma e chegou meia hora atrasada... Veja, doutor, o cinismo ou a estupidez dela – já não sei o que pensar – é tanto que, quando finalmente consigo ejacular, ela pergunta: 'Você gostou?'."

As atitudes de resistência afetivo-psicológicas acabam criando um círculo vicioso e fortalecendo as crenças que impulsionam o passivo-agressivo. Vejamos um exemplo de autoperpetuação:

- O pai deveria buscar as crianças na escola numa determinada hora e não foi. Da escola, telefonam para a mãe, e ela sai correndo para pegá-los. Quando o homem chega em casa mais tarde, a mulher o repreende e discute por ele ter "abandonado as crianças". Ele responde que não acha o caso tão grave, o que faz com que a mulher fique com mais raiva. O homem lhe joga na cara a sua atitude persecutória e despótica. Ela pede alguma justificativa pelo "esquecimento", mas ele para de falar com ela. A mulher tenta se acalmar, se aquieta e pede para conversarem. Ele sai para a rua sem dizer uma palavra e só volta ao amanhecer. Ela exige explicações e o marido lhe joga na cara que ela é igual à mandona da sua mãe. Resumindo: ele termina por confirmar a crença de base que justifica a sua resistência passiva – "Minha mulher é uma controladora e quer me dominar" –, enquanto a esposa vai perdendo o amor gota a gota.

Devemos reconhecer que a atitude passivo-agressiva é útil em certas relações de dominação/submissão nas quais é preciso deixar clara a existência de desacordo sobre os direitos humanos e ao mesmo tempo evitar retaliações. Por exemplo, é muito comum que no exército alguns recrutas adotem comportamentos passivo-agressivos frente à pressão de um superior de caráter rígido ou que alguns estudantes façam uso da desobediência escolar com professores autoritários e impositivos. No entanto, a não ser que o parceiro seja membro da SS, o diálogo direto e franco é a melhor alternativa.

Pessimismo contagioso: "Mesmo que nos amemos, tudo irá de mal a pior"

Talvez uma das características mais insuportáveis do estilo passivo-agressivo seja a habilidade de ver o lado ruim das coisas e de criar um estilo pessimista-contagioso. Como pássaros agourentos, vivem num holocausto imaginado. Sua máxima é: "O pior está por vir". Um homem se referia da seguinte maneira à sua companheira indolente/pessimista: "Podemos estar no melhor lugar do mundo, no dia mais esplendoroso, tendo diante de nós uma paisagem maravilhosa, e ela sempre identifica algum aspecto negativo. É como se gostasse de estragar os meus bons momentos. Ultimamente, deu para lembrar nossas velhas brigas... É matemático. Cada vez que estamos numa aproximação amorosa, traz à baila discussões de que eu nem lembro". Os indivíduos passivo-agressivos têm o dom de desanimar os demais e de levá-los ao limite da desesperança. Existe alguma forma de suportar a cantilena pessimista dos passivo-agressivos e sair incólume? Conheço três: entrar na fase autista, virar um Buda ou sair correndo.

Certa vez, perguntei a uma mulher em sua primeira consulta por que ela acreditava que estava deprimida. A resposta foi: "Meu marido me convenceu de que a vida é uma porcaria". Seu companheiro era um passivo-agressivo típico, que havia quinze anos derramava a sua dose diária de veneno. Meu trabalho com a mulher consistiu em lhe dar apoio psicológico, tentando equilibrar e compensar o efeito que produzia o caráter pessimista do marido. Naquele ano se separou e hoje, ainda que não esteja com ninguém, a depressão, felizmente, ficou para trás. A personalidade passivo-agressiva faz uma apologia do azar e vê qualquer manifestação de otimismo do outro como um objetivo militar que deve ser derrotado.

Por que nos envolvemos em uma relação passivo-agressiva? O anjo da imaturidade

Algumas pessoas sentem-se atraídas pelo estilo passivo-agressivo. E isso não se deve a um masoquismo amoroso ou a uma jogada perversa do inconsciente, mas a esquemas compensatórios que tentam equilibrar antigos problemas não resolvidos. Essa conexão, altamente perigosa, ocorre entre dois traços típicos do estilo passivo-agressivo (*fragilidade/insegurança* e *tranquilidade/desleixo*) e dos estilos que as vítimas potenciais representam em sua vida (*protecionismo* e *despreocupação/comodidade*). Esses vínculos disfuncionais podem ser representados da seguinte forma:

A.

Fragilidade/ insegurança	⟷	Protecionismo amoroso

Para uma pessoa protecionista com forte impulso maternal ou paternal, a fragilidade do sujeito passivo-agressivo e sua disponibilidade em ser cuidado e protegido são bastante atraentes.

B.

Tranquilidade/ desleixo	⟷	despreocupação/ comodidade

Para alguém preguiçoso que não suporta muito a responsabilidade de ter uma relação, a faceta de tranquilidade/desleixo que a personalidade passivo-agressiva apresenta termina sendo a mais feliz das coincidências.

Então, podemos definir dois esquemas principais que induzem as pessoas a cair nas armadilhas passivo-agressivas: *protecionismo amoroso* e *despreocupação/comodidade*. Se você sofre de qualquer das seguintes vulnerabilidades disfuncionais, é melhor se manter em alerta vermelho porque o amor subversivo poderia encontrar em você um terreno fértil para se instalar e fincar raízes: "Preciso que precisem de mim" (*protecionismo amoroso*) e "Preciso que me deixem livre para fazer o que quiser" (*despreocupação/comodidade*).

Protecionismo amoroso: "Preciso que precisem de mim"

Existem duas crenças que operam como um impulso irrefreável nesse tipo de pessoas: "A ternura me excita" e "A fragilidade produz ternura em mim". A conclusão é definitivamente contraproducente: "A fraqueza do outro me atrai e me seduz". E não falo de dar amor de forma saudável, mas da tendência em se transformar em cuidador crônico. Os sujeitos passivo-agressivos mostram essa faceta de desamparo que, sem ser constante, é suficiente para que os "papais" e as "mamães" da vez sintam-se comovidos. Um paciente médico descrevia assim a sua primeira impressão quando conheceu aquela que logo seria a sua mulher: "Quando a vi pela primeira vez, senti um irrefreável impulso de socorrê-la... Isso se confirmou quando tive a oportunidade de conhecê-la melhor. Em um mês já estava me encarregando dos seus problemas e dirigindo a vida dela, que era um absurdo de coisas sem terminar. Sentia-me obrigado e feliz de completar o incompleto ou de melhorar o que ela havia feito mal... Era uma forma diferente de possuí-la. Hoje, tudo isso virou um pesadelo para mim; é como se tivesse adotado uma filha... Quanto mais a ajudo, mais problemas surgem e a verdade é que estou esgotado. Lembra um filme que vi faz tempo sobre um monstro com várias cabeças; quando lhe cortavam uma, nasciam outras". Essa analogia do monstro que renasce de sua destruição cada vez com mais força, uma espécie de Exterminador psicoafetivo, representa bastante bem a sensação desagradável que os parceiros dos passivo-agressivos costumam ter. A esposa do meu paciente era uma profissional de destaque na área financeira e trabalhava para uma importante empresa do setor, mas quando estava com o marido entrava em um estado de inutilidade crônica intolerável. O homem foi vítima de sua própria invenção? Só em parte, pois já existia nela essa disposição. O que o meu paciente fez foi colocar em movimento o sistema e deixar rolar.

Se você entrou no esquema do protecionismo afetivo, vale a pena revisá-lo. Você não precisa de alguém que assuma o papel de filho ou filha, nem se unir a outra pessoa devido às fraquezas dela. Além disso, do ponto de vista pragmático, para que estar com uma pessoa que "não pode viver sem você, mas o martiriza"? As pessoas protecionistas escondem um sentido de responsabilidade desproporcional e uma ideia de culpa. Se você não mudar essa maneira de se relacionar com os demais, os indivíduos passivo-agressivos seguirão exercendo sobre você uma atração difícil de controlar: *você será um viciado ou uma viciada pela fraqueza alheia*. O esquema de protecionismo amoroso poderia ser associado claramente ao conceito de codependência, no qual o amor se confunde com querer ajudar e favorecer o outro a qualquer preço. Mas se ser codependente já for uma questão que amarguraria a sua vida, imagine como seria se fosse com alguém passivo-agressivo? "Não devo cuidá-lo apenas, mas também convencê-lo de que me deixe fazer isso!" Haverá maior absurdo?

Despreocupação/comodidade: "Preciso que me deixem livre para fazer o que eu quiser"

O esquema de *despreocupação/comodidade amorosa* é caracterizado por certa indolência em relação ao parceiro e um espírito mínimo de sacrifício. É fundamentado na crença irracional de que as relações afetivas não requerem nenhuma ou, em todo caso, pouca obrigação. A premissa infantil e cômoda é: "Quero manter uma relação sem esforço e sem complicações de nenhum tipo".

No começo da conquista, a "defesa da independência" e o conformismo do passivo-agressivo podem ser muito atraentes para alguém com um esquema de despreocupação/comodidade (sobretudo porque as motivações são similares). No entanto, com o tempo, a pessoa passivo-agressiva começará a exigir proteção e cuidados especiais, o que fará com que o encantador "deixar rolar" inicial (o que induziu e manteve a união afetiva) desapareça como por magia. De príncipe a sapo: o dissabor de um encantamento pelo avesso.

Um adolescente cuja motivação era se libertar do jugo de sua casa e do mundo me falava da sua nova conquista: "Essa mulher foi feita para mim, é leve e nada lhe importa... Nós nos damos muito bem, tudo para ela dá na mesma e não se mete com ninguém... É como eu, não faz nada que não queira. Adoro a sua independência, mesmo que ela tenha problemas com os pais porque é péssima aluna e sempre os contraria... Nós nos parecemos muito, temos uma boa sintonia". Mentes líquidas, vidas líquidas, amor líquido, diria o sociólogo Sigmund Bauman. Tudo se evapora num instante quando o amor não conta com alguns suportes sólidos que o determinem. Quais? Um compromisso inteligente e equilibrado, incluir o outro sem autoritarismo e sem bombas incendiárias.

Podemos nos relacionar de forma saudável com uma pessoa passivo-agressiva?

Para estar com um cônjuge passivo-agressivo, é preciso ter muita paciência e vocação para a servidão, pois as reações naturais que o amor subversivo gera são a ira, a impotência e a perda de controle. Você terá de aprender a se mover entre os extremos de um conflito não resolvido e se adaptar a uma "aproximação distante" ou a um "afastamento próximo". A palavra-chave é "indefinição". Um dia ele poderá estar perto de você, saudoso da independência, e outro dia se mostrará distante, demandando a segurança que você lhe dá. Você sentirá que às vezes ele precisa de você e, em outras, o rechaça. Às vezes ele dirá que você é uma pessoa intrusiva, exigente, intrometida, controladora, dominante e, em outras, vai avaliá-la como alguém capaz de aceitação, aprovação, cuidados. Livre e não livre, apegado e não apegado: como suportar essa gangorra e seguir amando?

Estratégias de sobrevivência afetiva

Diante de tal panorama, as pessoas recorrem a duas formas básicas de enfrentamento: ser cuidadores condescendentes e adotar o outro, ou iniciar um movimento contrainsurgente. Na primeira, a estratégia é claramente masoquista ou inspirada em algum tipo de entrega espiritual, e, na segunda, a favor da guerra: se rebelar contra a rebeldia e reprimir o motim. Vejamos cada uma delas em detalhe e as suas consequências.

Adotar o passivo-agressivo e suportar a ambivalência afetiva
Para seguir essa estratégia é preciso assumir a relação como um noviciado ou uma missão de caráter quase religioso. Adotar o parceiro e dedicar a vida a satisfazê-lo, sabendo que ele nunca ficará satisfeito. A meta será sustentada num altruísmo radical: procurar a felicidade do outro a custo da própria (não importa o que ele faça ou diga). Os comportamentos mais representativos dessa atitude são:

- Aceitar o passivo-agressivo como é, sem tentar mudá-lo, porque se for sugerida alguma mudança a resistência aumentará geometricamente.
- Tentar ver só o lado positivo e não levar em conta o ruim, no ritmo que o outro sugerir.
- Adaptar-se à passividade do seu parceiro e baixar os níveis pessoais de rendimento, como uma forma de se complementar.
- Estar disposto a qualquer tipo de sacrifício.
- Não esperar nada em troca.
- Dar todas as explicações que o passivo-agressivo requerer para justificar cada comportamento ou pensamento próprio.
- Estar sempre disponível para as suas exigências e necessidades.
- Ter claro que a agressão encoberta é a sua forma de se expressar.
- É melhor conceder a ele todos os desejos para evitar chateações, ataques ou atos de sabotagem.

Adaptação total e sem condições. Se você fizer isso, o passivo-agressivo poderá se mover a seu bel-prazer entre os polos da sua ambivalência afetiva. Você faria isso por amor? Você se adaptaria a ele ou ela nesses pontos propostos? Esta posição branda tem um custo inevitável: *a sua força interior vai se quebrar lentamente.* Um dia você vai querer em troca um pouco de amor e de paz, e ver que o seu parceiro amadureceu e se tornou previsível. Essas expectativas ficarão latentes e recorrerão ao seu inconsciente criando violência interior e mal-estar à medida que o tempo passe, mesmo que você não perceba.

Iniciar um movimento contrainsurgente e exigir do passivo-agressivo uma relação madura

Os que escolhem esta estratégia linha-dura não estão dispostos a se deixar manipular pela ambivalência do amor subversivo e exigirão uma solução para o conflito de base e para os problemas da vida cotidiana. Ainda que a posição forte aponte para a construção de uma relação honesta e democrática, a consequência inicial será que o passivo-agressivo incrementará as suas atitudes subversivas e as suas táticas perturbadoras; o amor será cada dia mais opositor, o que poderia levar a um rompimento definitivo. A estrutura mental do passivo-agressivo confunde a conduta normal de defender os direitos, ou dizer "não", com a imposição e o autoritarismo. Portanto, a sua estratégia contrainsurgente será interpretada como uma confirmação de que você é um ser despótico e absolutista.

Se a estratégia chegar a ter êxito, poderão acontecer duas coisas: que, graças ao medo de perdê-lo, aceite uma ajuda psicológica, ou que prevaleça o seu desejo de liberdade e se retire com indignação para buscar alguém menos "controlador" e "problemático". No primeiro caso, estaria sob a lente de um profissional e, no segundo, se trata de uma loteria.

A seguir, temos alguns dos comportamentos que definem esta atitude:

- Não se desgastar para convencer o outro sobre coisas óbvias. Por certo, o seu parceiro passivo-agressivo compreende perfeitamente as suas razões; o que ocorre é que "não quer" fazer isso. O diálogo deve surgir como uma forma natural de aproximação.
- Não delegar ao parceiro atividades que nós mesmos não possamos levar a cabo. Por que você ainda espera a ressurreição do ser amado? Lázaro não se levantará da tumba, nem a princesa despertará graças a um beijo apaixonado. Você já sabe como ela ou ele é, então deve se encarregar pessoalmente. Pode lhe custar mais tempo e esforço, mas ao menos você não estará implorando ajuda e verdade.
- Não responder às provocações típicas do passivo-agressivo, como a lentidão, o descumprimento ou a inculpação. Quando o estilo subversivo se manifestar, não dê atenção a ele, faça com que não encontre adversário. A meta é que ele não afete as suas estratégias, e que perceba isso.
- É melhor não entrar no jogo da ambivalência do passivo-agressivo. Você acredita que alguém aguentaria tamanha confusão sem se estressar? Deixe que ele ou ela se responsabilize pelo próprio conflito.
- Tente que ele ou ela aceite fazer uma terapia dirigida a modificar a sua personalidade disfuncional. Atenção: não estou dizendo que essa seja

uma condição para prosseguir, mas uma atitude benevolente de induzir alguém a melhorar a saúde mental.

- A melhor maneira de enfrentar um passivo-agressivo é a assertividade: defender os próprios direitos sem violar os alheios (no meu livro *Questão de dignidade*, explico isso em profundidade). Não cair na armadilha das atitudes indiretas e sabotadoras, mas atuar de frente, tranquilamente e com honestidade, mesmo que o problema se agrave.
- Não se sinta o pai ou a mãe de seu par, deixe que ele cresça. Não assuma você a culpa pelos seus erros, trate-o como um ser adulto, ainda que faça birra.

Você é capaz de escolher a linha dura e assumir os custos mencionados acima? A estratégia não é "cruel", só tem como objetivo uma relação mais normal e saudável. Não esqueça que o passivo-agressivo tem mais de um míssil psicológico apontado para a sua cabeça. Se preferir, pode acompanhar os comportamentos mencionados com uma explicação amigável e terna, mas o efeito será o mesmo: a sua liberação será a tragédia dele, porque perderá o controle e a proteção. Dito de outra maneira, se você decide tirar a culpa inútil de cima de si e se abrir para o futuro, o passivo-agressivo entrará de forma irremediável em crise. Estranho paradoxo: a sua felicidade será a tristeza dele.

Até onde negociar?

Não conheço nenhuma pessoa envolvida com um passivo-agressivo que viva relativamente feliz. Não importa que o caso seja severo, moderado ou leve: a essência conflituosa que determina os atos subversivos estará presente. A dinâmica interna será a mesma e os seus parceiros, em maior ou menor grau, sofrerão de forma considerável. Viver imerso num conflito alheio, não poder contar com o companheiro quando precisamos dele, ser "amado" com ressentimento e sentir-se o alvo de ataques velados não pode ser negociável se queremos salvar a nossa saúde mental.

Se a contradição fundamental do passivo-agressivo (liberdade *versus* proteção) se mantém viva, não haverá acordo possível. Como amar de forma saudável quem o considera um obstáculo? Um homem passivo-agressivo, depois de muitas sessões e em plena consulta, conseguiu expressar à mulher o que sentia por ela com honestidade. Isso foi o que foi dito: "Amar você é um problema para mim; se não a amasse, me sentiria melhor, mas gosto de você e não posso fazer nada para remediar isso". Amor de lamentação e com sabor de derrota: "A desgraça de amar". Existirá pior declaração de amor? A mulher não soube o que fazer nem o que dizer, mas seu pensamento foi benévolo e esperançoso: "Pelo menos ainda me ama, talvez existam possibilidades". Ela somente processou parte da informação, a que desejava e necessitava ouvir para não afundar na depressão. Mas, como negociar o desprezo, a exigência, os chiliques, o rancor e o negativismo do dia a dia? Como abraçar a imaturidade do outro sem se transtornar? O estilo passivo-agressivo não admite meio-termo, por isso vive nos extremos e a sua dicotomia é inaceitável: você não pode ser ao mesmo tempo estorvo e apoio do seu companheiro. De acordo com a minha experiência clínica, a única opção viável para enfrentar uma aproximação saudável é recorrer a ajuda profissional e resolver o conflito atração/repulsão que define a estrutura psicológica do passivo-agressivo. Alguns tentam, outros se separam e outros poucos se resignam. Você decide.

Como reconhecer uma pessoa passivo-agressiva antes de se apaixonar

Se você prestar atenção o suficiente, poderá tirar a máscara do sujeito passivo-agressivo. Não é fácil "dissimular" um estilo oposicionista, basta se mostrar um pouco dominador para que o antagonismo se faça presente. A resistência passiva, a indolência, a lentidão, as agressões encobertas, a falta de cooperação e postergação crônica aparecerão como anúncios luminosos se você pressionar a tecla adequada. Contrarie-o durante os primeiros encontros, tente impor os seus pontos de vista e questionar alguma das suas atitudes, tudo amavelmente. Não estou sugerindo que você faça disso uma obsessão e comece a ver sintomas onde não há, apenas deve ter claro qual é a constelação de pensamentos e comportamentos que os caracteriza e tentar decifrar o jogo antes que o coração amoleça. Alguns dos seguintes modelos lhe permitirão reconhecer uma pessoa passivo-agressiva a tempo:

- Propõem mais do que fazem. Tomam a iniciativa e logo se arrependem.
- Se você der entrada para as fraquezas dele ou dela, num instante estará fazendo favores de todo tipo.
- São descumpridores (não respondem os telefonemas, chegam tarde, não vão aos encontros). Sempre pedirão desculpas e voltarão a reincidir.
- Pedem favores, mas não os fazem.

- Não irão gostar que você direcione a situação, mas tampouco farão isso. Será um hábito entrar em situações de impasse.
- A relação logo entrará num "nem ata nem desata". Se você não telefonar, aparecerá com ânimo renovado, e quando você mostrar interesse, se afastará de novo.
- Não fará nada que não queira, e isso não é produto da lucidez de um sábio, mas uma demonstração nua e crua de uma mente "convencida da própria opinião".
- Terá fama de não cumprir os compromissos.
- Suas apreciações sobre determinadas pessoas ou situações poderão ser muito duras, destrutivas ou negativas.

Quando você é a pessoa passivo-agressiva. Algumas considerações

Conforme você pôde concluir com a leitura deste capítulo, enquanto a sua personalidade for passivo-agressiva, você será uma pessoa afetivamente difícil. Para poder lhe agradar, o seu parceiro ou a sua parceira deveria se acoplar às suas ambivalências e caminhar no ritmo das suas contradições. No entanto, você sabe muito bem que não importa o que faça, sempre estará condenado: se é uma pessoa carinhosa, você interpretará esse carinho como limitante, e se é independente, irá odiá-la porque priva você da proteção de que necessita.

Você tem um sério problema com os modelos de autoridade cuja origem poderia ser explicada por algumas experiências prematuras ruins. Por exemplo:

- Pais erráticos, inconsistentes e indecifráveis em termos de afeto, que produziram em você uma ambiguidade interior e o fizeram perder a confiança básica que qualquer criança precisa para enfrentar o mundo.
- Ter recebido informação contraditória de pais que mostravam uma coisa e diziam outra, o que o obrigou a conduzir uma estratégia de aproximação/distanciamento para se adaptar aos estados de ânimo deles.
- Rivalidade com os irmãos e as irmãs, no sentido de que a chegada de um novo membro à família possa ter gerado uma mudança brusca nos sentimentos de segurança que você tinha a respeito dos seus pais.
- Ter sido vítima de alguma figura de autoridade que o explorava ou o restringia e a quem você amava.

É importante não confundir autoridade com autoritarismo. Fromm fazia uma diferenciação interessante entre autoridade racional (legítima, genuína) e autoridade irracional (autoritarismo). A respeito da primeira, dizia: "A autoridade racional não somente permite, mas também requer constantes análises e críticas por parte dos indivíduos a elas sujeitados; é sempre de caráter temporal e a aceitação depende do seu funcionamento". Sobre o despotismo da autoridade irracional, afirmava: "Tal sistema não se baseia na razão e na sabedoria, mas no temor à autoridade e no sentimento de fraqueza e de dependência do sujeito". Assim, uma coisa é o controle insolente, a dominação e o abuso de poder, e outra bem diferente é dar opiniões sustentadas, ser assertivo, tomar a iniciativa pensando no bem do casal ou liderar um processo útil para a família. Tudo pode ser objeto de consenso, até os desacordos, se o fazemos amigavelmente. Mas se você tivesse razão e a pessoa amada fosse alguém com delírios ditatoriais ou um déspota, não seria melhor se afastar a estar atado de má vontade a uma relação?

Não é fácil segui-lo no amor. Não é que você não seja passível de ser querido, o difícil é suportar a sua falta de determinação, a sua imaturidade, a sua ambiguidade. Deve ter presente que o cansaço mata o amor, e o mal-estar que hoje você produz no seu parceiro terminará também afetando você. É claro que você precisa de ajuda profissional; suspenda as táticas subversivas, que não parecem ser as mais convenientes para ninguém, e se deixe aconselhar. Nenhum profissional irá levá-lo a negociar com os seus princípios nem a submetê-lo ao controle do outro. O que fará é ensiná-lo a discriminar quando é justificado se opor e quando não é, onde está o autoritário e onde está o amigo. Você aprenderá a ser assertivo e a expressar emoções e pensamentos de uma forma adequada. E então não sentirá falta do terrorismo afetivo porque não mais estará flutuando entre o desejo do apego e o medo do abuso.

PARTE IV

ESTILO NARCISISTA-EGOCÊNTRICO

O amor egoísta

Um amor egoísta é aquele que se empenha em falar de si, quando estás morrendo de vontade de falar de ti.
JEAN COCTEAU

Se você é casado com um narcisista, deve sentir-se como um satélite afetivo. O ego funciona como um astro-rei ou uma estrela fulgurante nas relações interpessoais: ocupa a posição central, cega e, se você se aproximar demais, vai pulverizá-lo. As pessoas narcisistas se consideram especiais, únicas, grandiosas e imbuídas de um toque quase celestial, enquanto veem os demais como inferiores, vassalos ou simples partidários.

Joana era uma mulher de 32 anos, bastante tímida, de físico atraente e vinda de uma família confortável economicamente. Havia seis anos, era noiva de um homem narcisista e, devido ao desgaste emocional que implicava manter a relação, começou a frequentar o meu consultório. No último ano, havia perdido a autoestima, o sentimento de solidão era cada vez mais marcante e ela começou a manifestar sintomas de depressão. Seu rendimento no trabalho havia diminuído, assim como a sua eficiência. De alguma maneira, as exigências de um amor complicado de lidar fizeram com que o seu sistema imunológico enfraquecesse, então passava de uma doença para outra; por sorte, nenhuma grave. A pele estava descamando, o cabelo não tinha vida e o olhar deixava transparecer a expressão inconfundível da desesperança. Era como uma pequena árvore que havia começado a secar. Ainda que nas primeiras consultas tenha tido dificuldade para falar da sua relação afetiva, um dia ganhou confiança e conseguiu dizer o que tanto a preocupava: "Estou cansada de dar e de não receber nada em troca...

É impossível amar alguém que acredita ser o centro do universo... Cansei de agradá-lo, de me menosprezar para que ele se sinta grande e importante, cansei de ser exibida como um troféu. Já não aguento a sua necessidade de status e poder... Eu sou mais simples. No sexo, não me sinto bem, embora ele faça alarde e conte a todo mundo que somos grandes amantes, mas realmente não fazemos mais do que nos masturbar juntos; para dizer a verdade, jamais tive um orgasmo com ele. Sinto-me descentrada, como um satélite que gira ao redor do sol... Acho que ele nunca disse que me ama... Tentei deixá-lo, mas não consegui. Acho que me acostumei que ele seja mais do que eu, e eu a ser a sua sombra".

Na sombra de Deus. Como amar de forma saudável alguém que vive apaixonado por si mesmo? Não resta espaço para nós mesmos. Amar uma pessoa egocêntrica sempre terá implícito um terceiro ente em discordância incrustado no ser amado: a soberba. O paradoxo é: *quanto mais você amar um narcisista, mais estará alimentando o sentimento de grandiosidade dele e mais ele se afastará de você.* Um homem casado com uma mulher narcisista me dizia, entre resignado e irônico: "Você me pergunta se ela é fiel a mim, pois não sei o que lhe dizer... No sentido tradicional do termo, sim. Mas, se virmos de outro ponto de vista, ela me engana com ela mesma. Quanto mais afeto eu dou a ela, mais difícil fica a relação, mais importante se sente".

Joana amava um rei sem reino, alguém que se sentia acima da média. E, se é difícil aguentar o próprio ego, como será ter de suportar a carga de outro para que a relação funcione? Pretender que a egolatria abra um lugar para nos sentirmos amados e protegidos é impossível e, quando se tenta, a consequência pode ser tragicômica. Um paciente narcisista, depois de várias sessões, decidiu ser mais expressivo com a esposa (uma Joana elevada à quinta potência). Chegou em casa com um buquê de rosas, lhe serviu um drinque (nunca havia feito isso antes), pegou a mão dela "carinhosamente" (tampouco havia feito isso em quinze anos de casamento) e lhe disse do fundo do coração: "Amo você de verdade porque você me admira". A festa veio abaixo num instante, com a insatisfação evidente da esposa e a recomendação enfática para que mudasse de psicólogo.

A odisseia de amar uma pessoa narcisista

Ninguém nega que a autoestima é um dos fatores mais importantes para criar bem-estar e imunidade psicológica. Em algumas das minhas publicações, enfatizei esse tema: amar a si mesmo é imprescindível para crescer como ser humano. Mais ainda, poderíamos dizer que a vida em todas as suas manifestações, tal como afirmava Spinoza, procura perseverar no seu ser e conservar a existência do que foi produzido. Cuidar do "eu" e manter uma identidade não fragmentada é sinal de saúde mental e, ao contrário, a renúncia de si mesmo é sintoma de alienação. A espécie teria desaparecido sem o instinto de conservação; não em vão, o cristianismo e outras religiões propõem que o ponto de partida do altruísmo e da compaixão seja o "eu". Quando se afirma que é preciso "amar ao próximo *como a si mesmo*" está se aceitando explicitamente a importância do amor próprio.

No caso do narcisismo, a questão toma outro rumo, e esse impulso de vida se transforma em autoexaltação, egolatria e egocentrismo. ("Sou único", "Me idolatro" e "Sou o centro do universo"). No estilo narcisista, o gene egoísta alcança a sua expressão máxima e se manifesta sem rodeios e de forma desmedida. É o lado antipático da autoestima, seu lado obscuro, a desproporção do eu. A autoestima adaptativa e virtuosa se localiza entre a presunção insuportável e a desvalorização. A vaidade destrói a condição humana pelo excesso ("Você é menos do que eu, não está à minha altura") e quem não ama a si mesmo o faz por insuficiência ("Não valho a pena, me envergonho do que sou").

A inaceitável proposta amorosa do narcisista gira ao redor de três atitudes irracionais: "As minhas necessidades são mais importante do que as suas" (*menosprezo afetivo*), "Que sorte você tem de que eu seja o seu par" (*grandiosidade/superioridade*) e "Se você me critica, não me ama" (*hipersensibilidade à crítica*).

Menosprezo afetivo: "As minhas necessidades são mais importantes do que as suas"

O narcisista não pode abarcar o próximo porque vive encapsulado em suas próprias necessidades e sentimentos. Ao ser egocêntrico, não sabe ou não quer se descentrar, daí o seu distanciamento. E não me refiro aos repentes naturais de petulância que todos manifestamos algumas vezes, mas à demanda de uma paixão por si mesmo que o impede de se dedicar ao companheiro. Como amar e ser amado se apenas reconhecemos o outro de forma parcial e languidamente? Não é possível um amor pleno sem a presença do outro. No estilo narcisista, esse "desconhecimento amoroso" adota formas típicas, que são o egoísmo e a manipulação.

Egoísmo

O narcisista costuma ser abusivo e arbitrário na condução dos bens comuns do casal, sejam eles físicos, psicológicos ou emocionais. Liliana está há sete anos casada com um empresário de sucesso, e ele sempre teve mais privilégio do que ela na vida a dois. Desde o cardápio diário até a roupa, passando pelas férias, tudo é organizado de acordo com as preferências dele. Por exemplo, se ela decide comprar um par de sapatos, o homem presta atenção no preço, analisa opções e sugere possibilidades mais econômicas, mas, quando é ele quem vai às compras, essas considerações passam para segundo plano. Essa maneira de definir as trocas está refletida em toda a relação e foi o que levou Liliana a buscar ajuda profissional para "o marido tomar consciência" disso. No entanto, esperar que um narcisista seja equitativo por iniciativa própria não deixa de ser ingenuidade. Ela segue esperando a mutação altruísta do marido enquanto tenta manter sob controle a monopolização para que não se aproveite dela. Estranho amor. O homem não é um narcisista extraordinário, mas tem os ingredientes básicos para tornar impossível a vida da sua mulher.

Façamos uma diferença conceitual importante. Egoísmo não é o mesmo que egocentrismo. O primeiro tem a ver com a *incapacidade de amar* os outros por causa da cobiça. O segundo está relacionado com a *incapacidade de se descentrar* e se colocar no ponto de vista alheio, o que faz com que as pessoas terminem como escravas do próprio ponto de vista. Duas incapacidades diferentes, mas relacionadas: ambas se alimentam mutuamente e destroem qualquer tentativa de amar o outro. Estar centrado em si mesmo, da maneira que for, implica ruptura, isolamento, mutismo e incompreensão.

Manipulação

Uma premissa que guia a conduta dos sujeitos narcisistas é a de que o fim justifica os meios, sendo *o fim* eles mesmos e *os meios*, os demais. O próximo a serviço do benefício próprio. Esses indivíduos se deleitam em planejar e colocar em prática as estratégias utilitaristas com clara certeza. Escolhem a sua vítima com cuidado, fazem um estudo rápido sobre as vantagens que poderiam obter e logo a introduzem no jogo da manipulação, seja por culpa, sedução, medo ou qualquer outro tipo de chantagem.

E em relação ao nosso assunto: haverá alguém mais fácil de manipular do que uma pessoa apaixonada? Se, em condições normais, fazemos qualquer coisa por amor, como será se estivermos sob a direção de um narcisista? Vejamos um exemplo simples. Pedro sempre consegue que sua mulher faça o trabalho sujo: limpar os banheiros, tirar o lixo ou fazer as atividades chatas. A sua principal estratégia de manipulação consiste em se mostrar fraco e inspirar proteção ou ajuda e, inclusive, pena, se for necessário: "Estou deprimido", "Tenho medo que me rechacem", "Você é mais segura que eu", "Sou um inútil" ou "Definitivamente não sou tão inteligente". A esposa se transformou na "mulher orquestra" a quem Pedro recorre quando as situações são incômodas para ele. Se ela "se comporta bem" e concorda com os seus pedidos, ele a reforça sendo afetuoso. Pedro não sente que esteja agindo mal, apenas acredita que está acima dessas obrigações enfadonhas e que não nasceu para sujar as mãos. Está profundamente convencido de ter uma condição única que o exime de certas atividades que o chateiam.

As estratégias de manipulação podem ser emocionais ou materiais, sutis ou descaradas, circunstanciais ou permanentes. Não obstante, o que se esconde atrás dessas manobras psicológicas é uma premissa bastante destrutiva para as relações afetivas: "Como sou superior aos demais, queiram ou não, as pessoas estão aí para me servir".

Alcançar os objetivos a qualquer custo é uma máxima que a sociedade pós-moderna promulga como valor fundamental, orientando os jovens a um conceito de tenacidade mal-entendido. Não se trata de perseverar a qualquer preço (isso, mais do que um "valor", é uma obsessão), também é preciso saber renunciar e tolerar a frustração. E este é um dos maiores problemas das pessoas narcisistas: não sabem perder, e por isso são tão perigosas.

Grandiosidade/superioridade: "Que sorte você tem de estar comigo!"

Essa afirmação nem sempre é explícita numa relação, ainda que, se estivermos com um companheiro narcisista, a atitude de superioridade e grandiosidade seja sentida todo o tempo. Pode se manifestar num olhar de reprovação por não se comportar "à altura" das circunstâncias, em expressões de tédio ao não receber um tratamento especial ou ao competir de forma velada para chamar a atenção; a superioridade assume uma infinidade de rostos, como aquelas criaturas mitológicas que tiram o sono das crianças.

Mas nem tudo o que reluz é ouro. Na maioria dos casos, este sentimento de grandiosidade é uma forma de compensar velhos esquemas de inferioridade. O que ocorre é que, de tanto se esconder numa arrogância defensiva, terminam se mimetizando com ela e se acreditando especiais. Contam que, certa vez, a mulher do escritor Ernest Hemingway (que era um narcisista contumaz, limítrofe e bipolar, de acordo com diferentes autópsias psicológicas) cortou de leve o dedo, o que fez com que as pessoas prestassem mais atenção nela do que nele. Imediatamente, o homem explodiu cheio de fúria e deixou de falar com ela por vários dias. Ninguém podia tirar do "mestre" um triz da sua vaidade. Em uma das suas obras, *Um lugar limpo e iluminado*, escreveu o seguinte, que pode ser relacionado claramente com a impressão de vazio e estranheza a que se referem muitos pacientes narcisistas:

> *O que temia? Não era temor ou medo. Era um nada que ele conhecia bastante bem. Tudo era nada e um homem era também nada. Alguns viviam nisso e nunca o sentiam, mas ele sabia que tudo era nada e assim nada e nada e assim nada. Nosso nada que está no nada, nada seja o teu nome e nada o teu reino; e teu será o nada em nada como é no nada.*

Se quiser manter um narcisista feliz e contente, basta aplicar duas estratégias pró-ego: contribuir com a sua "boa imagem" e admirar de forma incondicional a sua grandiosidade.

A boa imagem

A chave de qualquer amor egocêntrico é saber administrar o marketing pessoal oferecido pelo seu parceiro do momento. Seja a classe social, a fama ou o aspecto físico, o "algo a mais" trazido pelo companheiro deve somar à imagem do "grande homem" ou da "grande mulher". A imagem social projetada pelo indivíduo narcisista é um de seus cartões de apresentação. Um importante empresário fazia a seguinte reflexão: "Os outros entregam cartões de visita pessoal quando conhecem alguém, eu lhes apresento a minha mulher".

Lembro que certa vez um jovem casal começou a discutir numa reunião na frente de todos. Parece que o conflito começou porque a roupa da mulher não combinava com a elegância resplandecente do homem. Depois de uma discussão mal dissimulada, ela não suportou mais e começou a chorar. Para um narcisista, não existe nada pior do que passar ridículo em público, então o homem falava no ouvido dela, a beijava e acariciava e jurava amor eterno tentando acalmá-la. Depois de um tempo, o homem conseguiu sossegar a mulher e voltaram a sentar muito perto de onde eu estava. Ela, evidentemente triste pela cena, pediu desculpas a ele: "Você me perdoa?". Ele, mais tranquilo, tentou animá-la a seu modo: "Não se preocupe, meu amor, você sempre estará à minha altura".

Em meu consultório, vi muitos casais que seguem o mesmo padrão de "nivelamento por cima": um dos dois anda nas nuvens e o outro tenta alcançá-lo. Se ela é brilhante nos negócios, ele tenta ser um Donald Trump empenhado em "dar conta do recado". Se o homem é esportista e atlético, ela, que apenas é capaz de subir dois lances de escadas seguidos, decide ter aulas de tênis, praticar ciclismo e fazer boxe para entrar em forma. Quando pergunto ao que "está por baixo" por que não procuram um meio termo para que ambos se encontrem na metade do caminho, a resposta é a mesma: "Não posso, tenho de estar no nível dele".

Admiração incondicional

Quer fazer um sujeito narcisista tremer? Simplesmente não preste atenção nele. A admiração é a matéria-prima com a qual o ego constrói o seu santuário. A maioria dos narcisistas prefere ser reverenciada a ser amada, por isso lhes causa mais impacto uma genuflexão do que um abraço, ou um aplauso do que um carinho. Quer conquistar uma pessoa narcisista? Cultue a personalidade dela, e ela comerá na sua mão. Assim como o amo não pode prescindir dos escravos, o narcisista não pode renunciar ao seu séquito de aduladores para manter vivo o ego.

Conheço um jovem cuja namorada parece caída do umbigo de Deus. A mulher sente-se uma deusa e faz todo o possível para que lhe rendam reverências. Por algum motivo, o namorado usa um elogio repetitivo para agradá-la: "Você é genial!". Isso a satisfaz ao extremo e a faz sentir borboletas no estômago. Por exemplo, se ela decide dirigir por uma rua onde há menos tráfego, ele a olha assombrado e solta o reforço à queima-roupa: "Você é genial!", ou se ela escolhe um modelo adequado para ir a uma festa, ele vê ali vestígios de uma genialidade estética digna do mais alto glamour, e repete a palavra de ordem: "Você é genial!". E assim, de genialidade em genialidade, a menina acreditou no conto e somou ao seu background físico e histriônico o fator intelectual, o que a transformou numa supernarcisista fora de série.

A admiração é uma exigência afetiva do narcisista. Não é algo secundário ou prescindível, é uma obrigação que o parceiro da vez deverá aceitar sem chiar, se quiser manter a relação. Quando vejo uma pessoa narcisista com seu companheiro, a imagem que me sugere é a dos jardins vizinhos, mas em diferentes estados: um é exuberante e frondoso, e o outro está seco e baldio. Permanecem juntos, mas um retira a água do outro, que vai secando lentamente, tendo sugada a sua força vital. O indivíduo narcisista é um devorador de energia. É tanta a sua necessidade de admiração e aprovação que jamais aceitaria um parceiro que lhe fizesse sombra em algum sentido. E, se isso chegasse a ocorrer, a inveja o consumiria. É algo difícil de compreender para quem vive o amor de uma maneira sadia e democrática.

Hipersensibilidade à crítica: "Se você me critica, não me ama"

As pessoas narcisistas interpretam um desacordo ou uma crítica amistosa como um ultraje e uma falta de respeito com seu foro especial. Em psicologia clínica, isso é conhecido como "insulto narcisista", que não é outra coisa que uma elevada hipersensibilidade à crítica. Lembremos que estamos diante de uma baixa autoestima cercada por muralhas, e a honestidade tem a virtude de penetrar qualquer defesa. Por essa razão, os narcisistas odeiam as pessoas assertivas, só porque dizem honestamente o que pensam e não se deixam manipular. Esse fato explica por que os seus parceiros tendem a ser pessoas submissas que evitam contrariá-las em qualquer sentido.

Uma mulher me explicava a fórmula que havia inventado para "criticar" o marido sem afetar o ego narcisista dele: "Primeiro, espero que ele esteja com bom humor, depois lhe digo muitas coisas agradáveis... Faço uma boa comida e me visto de forma sexy... Observo bastante e então solto pouco a pouco o assunto. Por exemplo, ele trata de forma depreciativa a secretária, então eu, em vez de lhe dizer que deve respeitar as pessoas, me limito a lembrá-lo de que não é fácil encontrar um empregado de confiança. Depois, comento a grande admiração que ela sente por ele. Então, ele baixa a guarda e recebe a sugestão... Como vê, doutor, é preciso ter paciência e comer pelas beiradas". Sim, mas que paciência! Muito tempo investido para dizer o que está caindo de maduro. Ao se adaptar totalmente ao déficit do marido, a única coisa que essa senhora conseguia era aumentar a ideia de superioridade do homem e tornar a comunicação menos fluida.

Por que nos envolvemos em uma relação narcisista? O poder do ego

Teríamos que nos perguntar o motivo pelo qual a maioria das pessoas egocêntricas está casada ou tem um namorado ou uma namorada que insiste e persiste com teimosia em seguir com elas, apesar das consequências negativas e do difícil que é a relação.

Existem ao menos três esquemas negativos que aumentam a probabilidade de se estabelecerem relações com pessoas narcisistas. Cada uma dessas vulnerabilidades é determinada por uma necessidade afetiva básica que o sujeito tenta satisfazer para resolver o seu problema psicológico e encontrar certo equilíbrio interior: "Preciso de uma relação que me dê status" (*autorrejeição*), "Preciso de alguém para me identificar" (*indeterminação do "eu"*) e "Preciso dar amor desesperadamente" (*entrega ilimitada*).

Autorrejeição: "Preciso de uma relação que me dê status"

Este esquema responde a uma história de poucas conquistas afetivas. Mais concretamente, se refere a pessoas que não se sentiram desejadas pelo sexo oposto e criaram uma necessidade dirigida à compensação do tempo perdido.

Uma mulher de 29 anos que nunca tivera sucesso com os homens devido à timidez e a um problema de sobrepeso descrevia assim o seu tipo ideal: "Quero alguém espetacular... Alto, bem-apessoado, com classe, ambicioso, muito sociável, forte e seguro de si. Estou farta de só ser procurada por homens fracassados. Quero um homem com maiúsculas, que desperte inveja nos outros... Eu mereço isso". Respondi a ela que não seria fácil conseguir o seu intento, já que os homens com essas características são os mais desejados e há muitas mulheres fazendo fila atrás deles. No entanto, ela manteve as expectativas. O que na realidade a minha paciente pretendia era se ressarcir de um passado afetivo cinza e afastar uma sensação de solidão não resolvida. Infelizmente, suas aspirações (o perfil do homem sonhado) a levavam a um território onde os narcisistas proliferam e no qual ela poderia se transformar numa presa fácil.

A necessidade de se ter status também afeta os que vivem a dois. Um paciente que estava casado havia vinte anos me dizia: "Eu não sei se a amo... É uma mulher poderosa, dura e impositiva. Sem exagero, é o ser mais petulante que já conheci. Mas, em que pese tudo isso, ao seu lado obtenho muitas benesses sociais e materiais... Ser marido dela abre portas e gera respeito entre as pessoas. E como sei que ela não vai mudar nem quer fazer isso, é melhor aguentar o seu narcisismo e aproveitar as vantagens".

Os exemplos anteriores mostram uma profunda irracionalidade: pensar que o valor pessoal depende da importância, da fama ou do poder do parceiro. Tampouco o número de namoradas ou namorados que você teve não o faz melhor ou pior do que ninguém. Poderia debutar afetivamente aos quarenta anos e descobrir que nesse encontro inesperado a sua história de isolamento adquire um sentido especial. Você alguma vez já se encontrou com amigos ou amigas da juventude, com aqueles ou aquelas que destroçavam corações e eram fonte de inveja e de paixão? Pois eu sim, e ao vê-los descobri algo incrível: tinham barriga e celulite como qualquer um! Já não eram os Adônis e as Afrodites de antes, apenas pessoas comuns. A vida se encarrega de colocar todos no mesmo lugar. A felicidade de um casal surge quando acordamos com as pernas entrelaçadas com a pessoa amada e sabemos que não há ninguém melhor para nós num raio de milhares de quilômetros. Mas, se o que você quer é ter um parceiro que se sobressaia e que tenha dotes especiais, os narcisistas serão o seu fraco.

Indeterminação do "eu": "Preciso de alguém para me identificar"

Alguns indivíduos precisam se identificar com pessoas famosas ou celebridades (reais ou inventadas) para sentirem-se realizados e darem maior sentido a suas vidas. Se não temos uma definição clara do que queremos e aonde vamos, tentaremos encontrar fora o que não podemos achar no nosso interior e compensar o vazio pessoal com a excelência alheia.

Um homem se referia à namorada da seguinte forma: "Admiro a sua maneira de ser, ela representa o que mais valorizo num ser humano e sinto-me orgulhoso de que tenha ficado comigo... Ela é meu norte, minha inspiração e dá sentido a minha vida... Sou seu fã". A mulher ocupava um cargo público muito importante e quando ele ia visitá-la no trabalho tinha de pedir uma audiência e entrar numa lista de espera. Não podemos exagerar na admiração: uma coisa é amar alguém, outra é idolatrar e acender velas para o companheiro como se ele fosse o segundo messias. Conheci sujeitos que em vez de um beijo preferem um autógrafo e, no lugar de um abraço, um pôster. Os vínculos de "fanatismo amoroso" são mediados por um esquema de imaturidade e de um "eu" indefinido que não sabe para onde aponta: amar não é criar um culto à personalidade. Devo esclarecer que não estou negando a importância da admiração; o que assinalo como preocupante é a *admiração desmedida e irracional*, a veneração pelo outro como se fosse um deus ou uma deusa.

Entrega ilimitada: "Preciso dar amor desesperadamente"

Uma coisa é o amor universal e outra, o amor entre um casal, concreto e personalizado. No primeiro, não há certificado de retorno nem retribuição (por acaso Madre Teresa de Calcutá terá esperado gratidão ou recompensa?). No segundo, precisamos de algum tipo de retroalimentação porque está em jogo a sobrevivência do "eu". Como não sentir falta da carícia e da ternura do ser amado, quando somos ternos e carinhosos? Como não esperar fidelidade, quando somos fiéis? Como não esperar sexo, quando damos sexo? O amor saudável é de mão dupla, sempre tem dois sentidos. Obviamente, não falo de ser milimétrico: às vezes um dá mais do que recebe, e isso não tem importância; mas se depois de dar a mancheias não recebemos nada do nosso parceiro, a dúvida começa a nos mortificar e o ressentimento vai ganhando espaço.

Quando alguém com um esquema de entrega ilimitada encontra um narcisista, se produz uma simbiose tão extraordinária como mortal. Haverá combinação mais perigosa que um viciado em trabalho junto a um explorador? Que ninguém duvide: a mais-valia afetiva existe. O sujeito narcisista é um receptor nato e um péssimo doador de amor, que se vê a si mesmo como o destinatário natural de qualquer expressão amorosa. Na sua mente, não existe o valor da reciprocidade. Insisto: o sonho de todo "doador compulsivo" é encontrar um "receptor insaciável", e essa fantasia só é alcançada quando você encontra um narcisista consequente e de boa cepa. E é aí, nessa cumplicidade tácita e marcada pela patologia, que a entrega se torna destrutiva.

Podemos nos relacionar de forma saudável com uma pessoa narcisista?

Abrir-se para a realidade do outro e tentar compreendê-lo é uma condição fundamental para construir um bom vínculo afetivo. Não pode haver amor se o egoísmo comanda, e não pode haver uma comunicação eficaz se há egocentrismo. Ao aceitar a suposta magnificência do parceiro, você minimizará a si mesmo pouco a pouco e a sua autoestima ficará por um fio. Que opção resta? Que o narcisista decida produzir uma transformação radical em sua vida e ser mais generoso e humilde. Uma revolução interior que nem todos estão dispostos a empreender e que poucos conseguem.

Estratégias de sobrevivência afetiva

Para se relacionar com um estilo narcisista-egocêntrico, a maioria das pessoas recorre a duas estratégias básicas: adorar o parceiro sobre todas as coisas ou fazê-lo descer do pedestal e humanizá-lo. Ambas têm consequências complicadas de se lidar.

Reconhecer a "supremacia" do narcisista e prestar-lhe homenagens

Para seguir esta estratégia é preciso fazer das tripas coração e guardar o orgulho no bolso. A ideia é se adaptar de uma forma radical ao narcisismo do parceiro para que tudo seja cor-de-rosa. Isso implica aceitar sinceramente a supremacia do outro e se convencer de que somos sortudos por ter um companheiro que foge do normal. As pessoas que se decidem por esta opção assumem uma atitude submissa e complacente ao extremo.

Os comportamentos mais representativos desta atitude são:

- Adotar uma posição subordinada para que a grandiosidade do parceiro não seja alterada.
- Mostrar admiração constante (elogios, afagos, adulações e reforços).
- Aceitar as poucas manifestações de amor, caso existam, porque "essa é a sua maneira de ser" e é preciso respeitá-la.
- Manter um perfil baixo para não competir com o parceiro.
- O ideal é se concentrar e aproveitar as conquistas dos narcisistas esquecendo-se de si mesmo.
- Se apontar alguma falha ou erro deles, deve fazê-lo com absoluta delicadeza e diplomacia. A assertividade está proibida porque são muito sensíveis.
- Contribuir com a sua boa imagem usando todas as ferramentas possíveis.
- Deixar-se manipular às vezes para evitar discussões.
- É importante criar uma "resistência à indiferença". Esse calo vai sendo conseguido com os anos, com bastante esforço e trabalho.

O que você acha? Você está disposta ou disposto a decidir pela linha branda? Tem o dom da paciência e a calma necessária? Algumas pessoas sentem-se orgulhosas de poder servir o ego do seu parceiro e de fortalecê-lo até ele explodir. Nesse sentido, uma mulher me falava: "Quanto mais importante ele for, maior eu serei". Uma forma curiosa de grandiosidade sacerdotal: o caráter transitório da baixa autoestima.

Colocar o narcisista em seu lugar e fazê-lo descer do pedestal

Esta posição tenta equilibrar a relação e torná-la mais democrática, o que implica uma crise certeira, já que o sujeito narcisista não aceitará sob nenhuma circunstância perder ou compartilhar o poder. A consequência desta alternativa pode levar ao rompimento, visto que a confrontação é dirigida aos pontos mais vulneráveis do sujeito, ao próprio coração do ego: "Você não é tão especial quanto acredita". Apesar da boa intenção, é preciso ser realista: são necessárias várias toneladas para baixar a intensidade ególatra do narcisista. Então não é somente uma questão de boa vontade e perseverança: o narcisista deve concordar com a mudança.

Estes são alguns dos comportamentos que definem esta atitude:

- Evitar as manifestações de admiração e os afagos que só procuram alimentar o ego do outro. Não mais reverências submissas, ainda que o outro as solicite.
- Não colaborar com a boa imagem dele por obrigação. Vestir-nos, arrumar-nos e comportarmos como considerarmos conveniente. Se isso é útil ou não para a grandiosidade do parceiro, está em segundo plano.
- Não reprimir a crítica ou as divergências quando

forem justas e fundamentadas (tampouco se trata de castigar o outro nem de se vingar).

- Tentar ser realista: haverá muito poucas ou mesmo nenhuma conduta altruísta por parte da pessoa narcisista, portanto é melhor não fazer reclamações de nenhum tipo e muito menos súplicas.
- Em geral, é preferível dizer o que pensamos e expressar os sentimentos com honestidade.
- A melhor forma de desbaratar um estilo manipulador é conhecer a intenção da pessoa que tenta ter o controle: "O que ele ou ela procura com isto?". Cada vez que descobrimos e manifestamos qual é o verdadeiro propósito do narcisista, o comportamento manipulatório perde poder. Uma vez que conheçamos a sua motivação e intenção, tudo se resume a não entrar no jogo.

Oposição firme e direta. Você é capaz de seguir a linha dura ou os seus medos e inseguranças o detêm? Deseja realmente colocar o narcisista em seu devido lugar ou ainda quer compartilhar do estrelato dele? Algumas pessoas não são capazes de aplicar os recursos de enfrentamento porque estão apegadas e temem a reação negativa do parceiro, sobretudo se existe um relacionamento de dominação-submissão de longa data. Rebelar-se contra as figuras emblemáticas de autoridade e/ou admiração não é fácil, porque, de tanto ficar submetido, o costume vai se instalando no disco rígido e a lucidez é perdida. Alguém contava o caso de um cachorrinho que incomodava um leão recém-nascido; o mordia, o empurrava, o perseguia, enfim, tornava a vida dele impossível. O curioso é que o leão cresceu, se transformou em um enorme animal que amedrontava a todos com a sua imponente juba e o estrondoso rugido, mas seguia temendo o insignificante cachorrinho. Tão somente por vê-lo de longe, fazia xixi de tanto medo. Alguns condicionamentos são, assim, absurdos e irracionais. Talvez você seja um leão ou uma leoa que não percebe que os anos passaram e já não tem por que temer quem antes o dominava.

Até onde negociar?

Amar e não ser amado, dar e não receber, ser manipulado e sentir-se um objeto, tudo isso é inaceitável se não queremos ser vítimas de um amor doentio. Qualquer coisa que afete a nossa integridade física ou psicológica deve ficar fora de uma relação. E se o amor é muito? Não se trata de quantidade, mas de qualidade. Não importa o quanto amem você, mas como o fazem. Um amor sem reciprocidade é injusto, ainda que o seu parceiro não possa viver sem você e precise de você como da água.

Meio-termo? Não é tão simples, às vezes ficamos num limbo afetivo sem saber o que fazer. Uma paciente, depois que o marido havia passado por uma terapia de um ano e meio para modificar o estilo afetivo narcisista, me contava: "Devo reconhecer que houve melhora... Agora me manipula *menos*, não exige *tanta* referência e admiração como antes. Já não é *tão* indiferente e reconhece *alguns* dos seus erros quando está de bom humor. Mas eu me pergunto se devo me resignar a ter um companheiro 'mais ou menos'. Não é bem o que eu queria para a minha vida. A verdade é que a convivência com ele ainda segue complicada e às vezes a soberba brota dos poros dele... Faz esforço, mas agora eu sou o problema, porque não sei se consigo ficar com alguém assim...

Quero um amor completo ou não quero nada". Birra da minha paciente? Intolerância? Não, pelo contrário. Cansaço, tomada de consciência e determinação de limites. É a clareza afetiva que os anos de sofrimento dão.

Para alguns, a relação com uma pessoa "mininarcisista", "subnarcisista" ou "seminarcisista" é suportável. Para outros, definitivamente, não. Um narcisismo leve, é evidente, não causa tanto estrago como um caso moderado ou severo e, inclusive, o seu parceiro pode se adaptar às suas exigências sem sofrer traumas severos. A pergunta é se isso basta, se é suficiente ir levando a vida e suportando as situações no lugar de ter uma vida boa e satisfatória, não necessariamente ideal nem perfeita. Um homem jovem, casado havia um ano, me dizia o seguinte: "Um psiquiatra me falou que ela era uma 'seminarcisista' e que se eu a amava de verdade tinha de aceitar a sua maneira de ser. Ele insistiu que se fosse uma 'narcisista completa' seria pior para mim. Eu me pergunto por quê. Qual é a diferença entre estar à sombra de uma mulher que se sente Deus ou de uma que acredita ser um semideus? De todas as formas, estarei por baixo, de todo modo irei sofrer!". Ter um companheiro narcisista implica um esforço para manter o "eu" na superfície e não se deixar afundar pela arrogância do outro. Não podemos descartar o fato de que a mente cria calos, assim como o corpo, e com a ajuda do autoengano podemos ver luz onde só há escuridão. Alguns otimistas assumem o papel de "reeducadores emocionais", tentando descentrar o narcisista e reacomodando o ego dele. Eu não seria tão otimista, mas você é quem decide.

Como reconhecer uma pessoa narcisista antes de se apaixonar

A princípio, o brilho narcisista deslumbra e, depois, cega. Quando o sujeito ególatra tenta seduzir, recorre a duas táticas principais: primeiro, dá mostras de poder, elegância e aristocracia, e depois, se comporta de maneira oposta ao que realmente é: aparenta ser humilde, sensível e disposto ao crescimento pessoal. No entanto, nem tudo pode ser camuflado; existem pequenos detalhes, gestos e comentários que indicam de forma clara que tantas maravilhas levantam suspeitas. O impulso do ego por brilhar é tão grande que escondê-lo é quase impossível. Alguns dos seguintes modelos permitem reconhecer um narcisista antes de ser preso pelo seu "encanto":

- Parece que ele escuta quando você fala, mas a mente está sequestrada pelo ego. Você pode verificar se ele entendeu a informação depois de um tempo: volte a falar a mesma coisa e é bem provável que ele não lembre que você já lhe havia dito. E não é falta de memória, mas de atenção.
- A maioria das conversas tende a ser sobre ele próprio: a sua história, a sua família, as suas conquistas, o seu trabalho e seja lá o que for. Não pense que se trata de uma comunicação aberta ou que você lhe inspira confiança: é puro egocentrismo.
- Quando você contradizê-lo ou mostrar desacordo com alguma opinião, ele não conseguirá dissimular o desconcerto e o incômodo. Fará a sua melhor cara amável, mas, no íntimo, vai sentir-se indignado. Pode ser que você note algo.

- Exibirá grifes sempre que puder: relógios, roupas, joias, sapatos e coisas desse tipo. Vai querer deixar claro que tem um gosto excelente e muito glamour.
- Jamais dirá "não sei". Proponha o assunto que você quiser e terá uma pessoa erudita à sua frente.
- A tática preferida será afagar o seu ego e os seus ouvidos. Dirá exatamente o que você gostaria que dissesse, pois é muito sagaz para descobrir os pontos fracos dos demais.
- Às vezes deixam escapar um tipo de tratamento inadequado, brusco ou descortês com as outras pessoas. O costume os delata. Nesses casos, o hábito sim faz o monge. A pessoa classista não pode deixar de sê-lo.
- Mostrará um interesse especial por seus amigos importantes ou com status.
- Tentará burlar as regras, desde o começo, e demonstrará certa raiva mal dissimulada quando tiver de seguir normas de conduta impostas de fora.

Quando você é a pessoa narcisista-egocêntrica. Algumas considerações

Não sei se alguma vez você tentou se colocar com seriedade no lugar do seu parceiro e entender o que ele sente e pensa de verdade. Isso implicaria deixar o ego de lado para que não atrapalhe. Se você pudesse e quisesse fazer isso, iria sentir-se mais livre e daria um pouco de felicidade à pessoa que o acompanha. Você também sentiria alívio por não querer ser o centro das atenções por um momento. Imagine: nada para aparentar, não competir, nenhuma meta inalcançável – somente o ser desnudo. Que sossego! Ficaria surpreso com a quantidade de pessoas que terminaria aceitando você tal como é (talvez não seja tão incrível como o inconsciente às vezes lhe diz). Você deve reconhecer que vender uma imagem de grandiosidade é bastante cansativo e muito pouco rentável em termos sociais. As pessoas não são tão estúpidas a ponto de acreditar no conto do "Deus vivo", portanto terminarão odiando você. O futuro de um narcisista consequente é o desterro e o isolamento, justamente o que você teme. Pense bem: se pudesse conquistar a admiração que tanto anseia sendo você mesmo, não gostaria? Não seria uma vitória mais louvável e verdadeira?

Preocupar-se com os demais não quer dizer que você vai se transformar em São Francisco de Assis ou em Santa Clara, mas um toque de humildade não lhe cairia mal. Quando alguns narcisistas tentam tal mudança, as pessoas notam imediatamente e, o que é mais importante, valorizam isso, porque você está mostrando um lado amável que elas não conheciam. Além do mais, você começará a se sentir parte do mundo dos mortais e o seu sentido de pertencimento ganhará força. Como começar? Aprendendo a perder, não burlar as regras, não impor os seus pontos de vista, se interessar pelo próximo e admitir que comete erros. Você consegue imaginar um mundo repleto de narcisistas? Você viveria nele?

Ser humilde é ser consciente da própria insuficiência. Você deveria praticar essa virtude e incorporá-la. Isso não tem nada a ver com os sentimentos de menosprezo e de baixa autoestima. Não tenha medo. O humilde não exagera os próprios dons nem se vangloria deles, não os divulga, não os censura: vive e goza sem se importar muito com a *vox populi.*

Você se perguntará por que é assim. Há muitas possibilidades. Talvez os seus pais tenham sido muito indulgentes com você, o valorizaram de forma exagerada ou faltou disciplina e controle da parte deles. Também pode ser que não tenham ensinado você a tolerância, a regular as emoções e a suportar a frustração. Sua infância pode ter sido determinada por modelos que exploravam as outras pessoas e você aprendeu que a manipulação é a única forma de sobreviver. Alguns narcisistas geram os estilos que vimos por compensação, devido ao fato de sua autoestima ser muito pobre, e tentam equilibrar isso se tornando muito arrogantes. Outro fator a ser considerado é se você foi filho ou filha única, e se por isso os seus pais o educaram como um príncipe ou uma princesa. Enfim: os esquemas de grandiosidade são aprendidos e ganham força durante o transcurso da vida a tal ponto que às vezes é impossível se desfazer deles. Somente um profissional poderá lhe dar os elementos necessários para seguir em frente, e essa é uma responsabilidade que você deve assumir se quiser ter uma vida normal e que não afete os seus.

PARTE V

ESTILO OBSESSIVO-COMPULSIVO

O amor perfeccionista

Se fechas a porta para todos os erros, deixarás de fora a verdade.
RABINDRANATH TAGORE

Se os ciúmes são sinais de amor, é como a febre em um homem doente, que, ao tê-la, mostra ter vida, mas vida doente e sem disposição.
MIGUEL DE CERVANTES

Um sujeito obsessivo antes de fazer amor: "Você fechou bem as janelas? Fechou a porta à chave? Tem certeza de que as crianças estão dormindo? Tomou banho? Escovou os dentes? Não acha que fica melhor com a camisola amarela? Tenho de ir ao banheiro. Você se incomoda se eu apagar a luz? Não esqueceu da pílula, não é? Como ficou tarde! E se deixássemos para a semana que vem?". É o culto ao controle. Nada satisfaz um obsessivo-compulsivo porque sempre haverá algo que poderia ter sido feito melhor: não importa o quão eficiente você for, sempre faltará algo. Pode ser uma felpa, um amassado ou um talher mal colocado, qualquer desculpa é boa para lembrar o outro que você está longe do grau de eficiência esperado. O parceiro do obsessivo sempre estará tropeçando, morto de medo de errar.

A carga do perfeccionismo faz com que a relação se torne cada vez mais solene, amargurada e formal, já que a espontaneidade e o frescor serão vistos pelo obsessivo como uma falta de autocontrole do companheiro. Não digo que o amor precise de um estado de euforia perpétua para estar bem, mas daí a ser transformado num serviço de controle de qualidade, há muita diferença. O estilo obsessivo controla, organiza, estabelece regras, ordena e sistematiza tudo em seu rastro – parceiro e filhos incluídos. Os abraços serão "exatos", os beijos serão "bem executados" e a convivência responderá a um manual de funções "claramente explicitado". A surpresa, a improvisação e a naturalidade serão causa de stress e inclusive, às vezes, motivo de separação.

Malena era uma mulher jovem e bem-sucedida na profissão. Estudou publicidade e ocupava um cargo importante. Não tinha filhos e tinha se casado havia sete meses. Quando chegou ao meu consultório, mencionou uma persistente dor nas costas, problemas no sono, gastrite e muita irritabilidade. Em poucas sessões, a causa ficou evidente: Malena não conseguia suprir as expectativas do homem amado, e isso lhe gerava um grande stress. Nicolás, o marido, era um executivo que começava a subir na empresa onde trabalhava. O homem era um exemplo fiel do estilo obsessivo-compulsivo: vivia preso aos detalhes, era exigente ao extremo em todas as questões e criticava muito Malena porque, segundo ele, ela era pouco responsável e errava demais. Nicolás vivia para trabalhar e tinha uma aversão especial pelo ócio e pela diversão. Além disso, tinha sérias dificuldades para expressar emoções, as quais mantinha sob rigoroso controle, o que afetava negativamente as relações sexuais. Sentia uma devoção especial pela ordem e a disciplina em todas as suas manifestações. Certa vez, Malena resumiu a relação com Nicolás da seguinte forma: "Ele não tem um lado amável: faça o que fizer, ele sempre encontra falhas em mim ou no meu desempenho. A verdade é que ele me deixa esgotada, tudo deve estar planejado e perfeito... Ele tem 28 anos, mas a cabeça parece de um velho de setenta. Os poucos amigos que ele conserva são muito mais velhos do que ele... Na verdade, está muito sozinho, mas como não estaria se passa o dia criticando todo mundo? É tão puritano para a idade que tem! Um dia, me senti muito mal porque pus uma roupa sensual para ficarmos juntos e ele reagiu de uma maneira inexplicável: se ofendeu e disse que assim me via como uma prostituta!

Ele me pressiona demais, nunca faz um elogio ou um cumprimento, nunca o vejo feliz... Quando vai viajar, eu descanso: visto o que quero, vou onde me dá vontade e digo o que penso e sinto. Sou como quero ser! Mas o que mais dói em tudo isso é o castigo psicológico. Outro dia, comprei uma marca diferente de presunto, então ele me passou um sermão sobre gastos e coerência interna, e não falou comigo por uma semana! Para completar, é muito avarento, e eu, bastante generosa, e discutimos muito por causa disso. Não sei onde errei, talvez não o tenha conhecido bem e me apressei ao casar, mas uma coisa eu sei: se ele não mudar, não vou aguentar". Quando Nicolás viu que o caso era sério, decidiu pedir ajuda profissional, pois não queria perdê-la. E eles estão nessa.

O "amor eficiente" ou a "eficiência amorosa" de forma inexorável nos conduzem a um beco sem saída: a frustração. Essa era a principal queixa de Malena: "Não acerto uma". Nicolás, por ver a árvore, não via o bosque. Ainda que pareça absurdo, para o perfeccionista, o negativo tem mais peso do que o positivo – ao menos lhe demanda mais atenção. Malena era uma mulher encantadora em todos os sentidos, mas Nicolás estava tão preocupado com a avaliação e a medição do comportamento que não podia apreciá-la. Ninguém pode agir normalmente se tiver de estar todo o tempo prestando contas sobre a limpeza, a comida, a roupa, os gastos e coisas desse tipo. A pessoa amada não pode ser um fiscal do Ministério da Fazenda. Não digo que devamos viver numa pocilga, mas tampouco é preciso ter como meta a criação de um ambiente asséptico como se morássemos numa unidade de terapia intensiva: antes a cama do que a sala de cirurgia.

O pesadelo de um amor rígido e meticuloso

Então, se alguém lhe propuser um amor cheio de escrúpulos, exato, tacanho, inflexível, estrito, moralista, formal, reto, regulado, estruturado e organizado, fuja! É difícil ver tudo isso com um "superego" apaixonado e não se deixar levar pela rigidez mental e afetiva que os caracteriza. Além do seu grande poder de convencimento, a cultura os exalta ao fixar modelos exemplares.

Nas sociedades desenvolvidas, as pessoas obsessivas são admiradas pela disciplina, pelo respeito à autoridade e pela capacidade ilimitada de trabalho. A maioria dos empresários aceita com satisfação que essas pessoas façam parte das suas equipes, ainda que elas não costumem ocupar cargos muito elevados. A razão é que os obsessivos, mesmo que mostrem certas vantagens na execução de tarefas concretas, têm sérias dificuldades para delegar, tomar decisões e estabelecer prioridades, aspectos imprescindíveis para qualquer executivo ágil e de alto nível. Por isso, nas presidências e vice-presidências das grandes empresas é mais comum encontrarmos a arrogância do narcisista do que a minúcia do perfeccionista extremo. A proposta afetiva do obsessivo se estrutura sobre a base de três esquemas torturantes e limitadores: "Você erra demais" (*crítica/acusação*), "De agora em diante, eu tomarei as rédeas" (*responsabilidade ilimitada*) e "Devo manter as minhas emoções sob controle" (*estreitamento emocional*). Em outras palavras: subestimação, golpe de Estado e escassez de ternura. Coisas muito difíceis de serem aceitas por uma mente prudente.

Crítica/acusação: "Você erra demais"

Se o seu companheiro ou a sua companheira cumpre os requisitos de um obsessivo-compulsivo, você será um inútil, incompetente e irresponsável até que demonstre o contrário. E, para "demonstrar", não há outra opção que não seja a de ser perfeito. Caso encerrado. A ansiedade gerada por esse tipo de controle é tanta que algumas vítimas preferem se converter ao "obsessivismo" para evitar o fardo de uma fiscalização constante. Certa vez, enquanto eu tomava um café com uma colega, ela olhou a hora com angústia e disse: "Meu Deus, tenho que lavar os pratos antes que ele chegue!". Quando pedi a ela que ficasse mais um pouco, não me deu opções: "Não, não posso, ele fica uma fera se não encontra tudo arrumado". Ela pegou um táxi e saiu em disparada rumo às suas "obrigações"; só faltou colocar uma sirene de polícia no carro. A sua estratégia de sobrevivência, para evitar a reprimenda do marido e mantê-lo calmo, consistia em assumir o papel de "obsessiva secundária", ou seja, uma obsessão subsidiária cujo fim é contribuir com as necessidades do obsessivo principal. Sem dúvida, uma escolha errada, porque as manias do homem seguirão se incrementando graças à obediência da sua companheira.

As críticas constantes e a pressão para que "tudo esteja bem" escondem uma profunda subestimação para resolver problemas. Devido a isso, as vítimas do estilo obsessivo perdem a eficiência e se tornam cada dia mais inseguras. Um jovem me dizia em sua primeira consulta: "Estou aqui para você me dizer como sou idiota, porque, segundo a minha namorada, sou o homem mais asqueroso e inútil do planeta. Ela disse tanto isso que eu acreditei". Claro que não havia tal ineficiência crônica. O curioso é que os parceiros dos obsessivos terminam "errando por medo de errar". O círculo vicioso é o seguinte: quanto maior for o medo de errar, mais o rendimento será afetado (sob os efeitos da ansiedade, a eficácia diminui de forma substancial), e quanto menor for o rendimento, a auto-observação de "inutilidade" incrementará a ansiedade, baixando ainda mais o desempenho. Nessa espiral autodestrutiva, a angústia vai se apoderando do amor até destruí-lo. Os obsessivos têm esta curiosa capacidade: procurando as cotas mais altas, reduzem o amor à sua expressão mínima.

Responsabilidade ilimitada: "De agora em diante, eu tomarei as rédeas"

A percepção de que o parceiro é ineficiente e improdutivo, somada à própria incapacidade de delegar, faz com que muitos indivíduos obsessivos assumam o comando e se responsabilizem diretamente por tudo que está implicado na relação: pagamentos, arrumações, balanços, administração do lar, planejamento das viagens, recreação, educação dos filhos, enfim, qualquer ação ou decisão deverá passar pelo seu filtro de excelência. Esse "golpe de Estado" a favor do alto rendimento tem, ao menos, duas consequências negativas para qualquer relação afetiva. Em primeiro lugar, se apoderar do andamento e da articulação da relação exclui de forma desrespeitosa o outro, sublinha a sua presumível inutilidade e o situa num vergonhoso segundo plano. É desnecessário dizer que esse deslocamento forçado acaba gerando frustração, raiva e ressentimento. Em segundo lugar, e isso já é um erro de cálculo do obsessivo, tomar as rédeas de "tudo" implica assumir uma responsabilidade "geral". Isso significa que, se antes o sofrimento ocorria devido aos equívocos do parceiro, agora a obsessão estará dirigida a si mesmo. A exigência se transformará em autoexigência, a crítica em autocrítica, e o castigo em autocastigo. Prestar contas a si mesmo pode ser tão ou mais esgotante que prestar contas ao próximo.

Uma conclusão importante é que o indivíduo obsessivo, seja manifesta ou sorrateiramente, jamais entregará o controle, pois acredita que ninguém fará melhor do que ele. A obstinação e certa supervalorização pessoal o impedirão de ver a realidade das suas limitações naturais. Um homem perfeccionista ao extremo me contava sobre os "progressos obtidos" depois de ter tomado o controle do funcionamento da casa: "Não tive outra opção. Ela é tranquila demais e havia muita improvisação. Não planejava bem as coisas e a desorganização era total. Por exemplo: gastávamos muito dinheiro em comida e às vezes até ia para o lixo, então fiz um cardápio semanal com as quantidades exatas e assim consegui evitar o desperdício. Fiz o mesmo com as horas de estudo, a televisão e as brincadeiras das crianças. Tudo está planejado com perfeição. Nossa qualidade de vida está muito melhor". A esposa não concordava muito com ele, e suponho que os filhos também não. Em uma consulta, a mulher comentou com tristeza: "Desde que ele se encarregou da casa, o dinheiro não dá para nada. A cada dia comemos pior, e as crianças parecem robôs. Acabou a alegria na minha casa...". Lembremos que as pessoas obsessivas são muito avarentas; portanto, ceder-lhes a administração econômica levará inevitavelmente a um severo corte no orçamento.

Constrição emocional: "Devo manter as minhas emoções sob controle"

Um dos principais medos que mortifica as pessoas obsessivas é que, se deixarem de exercer o controle mental sobre as suas emoções, terão problemas ou farão um papel ridículo. Esse culto à racionalidade os leva a bloquear os seus estados internos e a esfriar os sentimentos.

Entrar na mente de um indivíduo obsessivo-compulsivo é como entrar em uma armadura medieval. A personalidade fica entrincheirada em um sem-número de imperativos que a impedem de avançar do ponto de vista emocional e de expressar afeto às pessoas que supostamente amam. Baseados num estoicismo mal compreendido, eles pensam que "viver é sofrer" e, portanto, qualquer manifestação efusiva de alegria será interpretada como sintoma de fraqueza ou de mau gosto. É claro que, frente à semelhante aparato defensivo, seus parceiros sentem-se descuidados e incapazes de alcançar um amor pleno.

Essa rigidez emocional é a principal razão pela qual a personalidade obsessivo-compulsiva apresenta dificuldades no campo sexual. O desconforto que a expressão das emoções lhe provoca, a falta de espontaneidade e o medo de perder o controle levam a uma diminuição do seu desejo sexual e a dificuldades para alcançar o clímax. É compreensível, se considerarmos que, durante o orgasmo, o tempo e o espaço se confundem loucamente (dando razão a Einstein) e as regras de conduta se perdem na mais absoluta anarquia (dando razão a Bakunin). Dito de outra forma: a vontade sexual do obsessivo quase sempre está em quarentena.

Por que nos envolvemos em uma relação obsessiva? O fascínio do "bom partido"

Não é difícil sentir atração por uma pessoa obsessiva, já que muitos dos seus comportamentos, como disse, são respeitados e admirados em nossa cultura. A responsabilidade, a posição rigorosa em questões ético-morais e a capacidade de trabalho, entre outras, podem deleitar qualquer um que aspirar a uma relação convencional. Em muitos grupos sociais, a "seriedade" continua sendo uma virtude pré-matrimonial. Se somarmos a isso uma pitada de solvência econômica, o prato está servido.

Partindo dessas "vantagens", podemos definir três vulnerabilidades ou necessidades básicas que facilitam o envolvimento com um estilo obsessivo-compulsivo: "Preciso de alguém eficiente ao meu lado" (*incompetência/fracasso*), "Preciso de alguém que me conduza pelo bom caminho" (*autocontrole insuficiente*) e "Preciso de um companheiro muito responsável e confiável" (*compromisso/lealdade*).

Incompetência/fracasso: "Preciso de alguém eficiente ao meu lado"

O sonho de qualquer pessoa que se considere incompetente é ter alguém ao seu lado que resolva os problemas de forma rápida e eficaz. O estilo perfeccionista atrai os que se sentem inúteis como o pólen atrai as abelhas. Como resistir às palavras mágicas de um bom obsessivo? "Não se preocupe, deixe tudo em minhas mãos" ou "Eu me encarrego, confie em mim". É o encanto do salvador ou da salvadora que desculpa a insuficiência.

O problema aparece depois, quando a alegria e o alívio inicial se transformam em fiscalização e controle. Isso ocorre quando o "corretor de erros", amparado em sua história de acertos, passa a ser o pior dos censores.

Um paciente deprimido explicava assim a sua desilusão ao ver a nova atitude da sua parceira: "Aquilo pelo qual eu me apaixonei nela agora está me destruindo. Antes de conhecê-la, eu sentia que fazia tudo mal, me considerava um inútil, mas tinha a esperança de algum dia mudar para melhor... Mas, agora, estou pior. Cada dia que passa ela me lembra que devo fazer melhor as coisas, que estou muito longe de ser o seu ideal de homem, e isso me afunda no desespero". Pensemos na dinâmica que se esconde atrás desse tipo de relação: "Eu me envolvo com alguém ultraeficiente porque suscita em mim admiração e segurança e suponho que compensará o meu medo de errar, mas ao cabo de um tempo descubro que essa pessoa é o pior crítico da minha conduta". Seria como escapar de um predador se escondendo no seu covil. Dessa forma, sob o peso implacável da reprovação, das regras, da censura, a percepção da incompetência e do fracasso crescerá de forma exponencial, o que precisamente se queria evitar.

Autocontrole insuficiente: "Preciso de alguém que me guie pelo bom caminho"

Trata-se de uma versão mais sofisticada do salvador ou da salvadora. Essa vulnerabilidade ocorre em pessoas que tiveram em suas vidas épocas de muito descontrole e excessos de conduta, e num dado momento acham que devem assentar a cabeça e retomar o rumo. Aqui é onde entra o "parceiro terapeuta", que com seu bom exemplo ensina o caminho da sensatez e da contenção. Quem nunca escutou a seguinte declaração de amor/agradecimento: "Antes de conhecer você, minha vida era um desastre, mas hoje, graças a você, sou outra pessoa"? Para alguém que deseja se emendar dos maus passos e tirar dos ombros os sentimentos de culpa, uma pessoa normativa será vista como uma oportunidade de se redimir, limpar o disco rígido e fazer um profundo "exame de consciência".

Conheci muitas senhoras agradecidas às suas noras por terem resgatado o filho desencaminhado pela farra, a droga ou o juízo final. Desejo assinalar que um número considerável dessas redentoras afetivas mostra um claro estilo obsessivo. Obviamente também há homens bons samaritanos que adotam mulheres fora de controle para encaminhá-las, mas na minha experiência profissional encontrei mais mulheres do que homens desempenhando esse papel. Para cumprir a função de benfeitor e reeducador afetivo, ninguém melhor de que uma pessoa organizada, disciplinada, controlada e todos os demais "adas" que formam o perfil perfeccionista.

Compromisso/lealdade: "Preciso de alguém muito responsável e de confiança"

É um fato: as pessoas que respondem por seus atos e compromissos despertam confiança. Esperamos que os outros nos levem a sério e cumpram a palavra empenhada, não importa que se trate de uma aventura, de um encontro casual ou de uma relação estável: a responsabilidade é um princípio ético não negociável em qualquer tipo de vínculo, porque nos dá garantia de sermos respeitados. Pois bem: nisso, a maioria das pessoas obsessivas é perita. Além de serem responsáveis ao extremo, costumam ser fiéis. O impacto que produzem é de coerência e de certa solvência moral, o que as faz especialmente apetecíveis para os que valorizam o compromisso afetivo e precisam dele para compensar antigos fracassos.

Uma mulher sobrevivente de uma relação passivo-agressiva me contava entusiasmada as vantagens da sua nova conquista: "A verdade é que não posso acreditar nisso... Eu não confiava mais nos homens, mas este sim vale a pena. É responsável, cuidadoso, comprometido, nunca chega tarde, é detalhista e leva em conta as minhas necessidades. Não é egoísta como o meu ex. Estou surpresa que a vida tenha me dado este presente...". E era compreensível a sua euforia. Depois do pesadelo passivo-agressivo, o contraste era indiscutível: "Um homem que se preocupa comigo e mantém a palavra!". No entanto, como vimos antes, a responsabilidade e o compromisso podem se transformar em atitudes tão severas e férreas que terminam destruindo psicologicamente o outro. É preciso ter presente que o obsessivo exige o mesmo que dá, multiplicado por dez, portanto é muito provável que a responsabilidade que tanto admiramos nele termine se voltando contra nós. A responsabilidade compulsiva (rigorosa/fria), sem o equilíbrio que proporcionam a ternura e a flexibilidade mental, se transformará inevitavelmente numa forma de tortura.

Podemos nos relacionar de forma saudável com uma pessoa obsessiva?

Não é fácil viver com alguém que avalia você o tempo todo e que, além disso, exige um nível de rendimento inalcançável. Nesse tipo de exigência há um resquício de indignação que não podemos negar. O indivíduo obsessivo acredita que tem sempre razão e, como toda pessoa dogmática, não aceitará com facilidade revisar as suas crenças e duvidar de si mesmo. Por isso, se você tentar dialogar com ela ou ele, se confrontará com uma muralha de razões e fundamentos irrevogáveis. O amor obsessivo é um amor estancado na rotina e na normatividade, é um amor que não flui nem se renova. Não há muito para pensar a respeito: ou você rompe o dique ou se contamina.

Frente à "rigidez mental" e à disciplina intransigente do indivíduo obsessivo, seus companheiros costumam optar por dois caminhos opostos: submeter-se à fiscalização do outro ou romper com a contenção e deixar que a desordem natural da vida apronte das suas. Vejamos cada um deles.

Submeter-se ao controle obsessivo e regulamentar o amor
Esta forma de encarar a relação tem duas facetas. A primeira, que já comentamos antes, está orientada a se mimetizar no outro. Tal como ocorre com a síndrome de Estocolmo, algumas vítimas dos obsessivos terminam se identificando com o sequestrador, que neste caso seria antes um inquisidor que regula, dirige e examina o "bom proceder". A premissa seria a seguinte: "Não sou capaz de deixá-lo, por isso prefiro fazer o que ele me pede sem protestar". Esse processo de conversão à obsessão pode ser consciente ou inconsciente.

A outra estratégia consiste em contrapor de maneira sutil a rigidez psíquica do amor perfeccionista. Equilibrar "com cuidado" o assédio normativo e os "deverias" do parceiro, justificando os comportamentos com argumentos conciliatórios e atitudes compensatórias, não importa o custo. A tática é a seguinte: "Se meu companheiro é normativo, eu serei um *pouco* inconformista; se é solene, tentarei ter *um quê* de bom humor, frente ao seu dogmatismo, serei um *pouco* mais flexível; se está muito atento aos erros, tentarei cometer *algum* deslize de vez em quando". A ideia é introduzir pequenas doses de liberação a conta-gotas e com luvas de pelica para que o outro não se altere. Uma forma de autoengano que pretende criar a ilusão de que nem tudo é horrível. Seria como estar embaixo da água e respirar com um tubo para não se afogar em vez de subir para a superfície.

Vejamos alguns comportamentos que definem estas atitudes:

- Ser tolerante e deixar que o parceiro obsessivo continue com os seus hábitos. Ver o lado bom das coisas e se ajudar com bom humor e paciência. Ser flexível com a inflexibilidade do outro para, assim, evitar confrontos.
- Ter uma vida com poucas mudanças e sem introduzir novidades para evitar o stress do companheiro.
- Não esperar expressões intensas de afeto e renunciar a uma vida sexual interessante e variada. Resistir sem desanimar e tentar se acostumar.
- Evitar qualquer disputa pelo poder porque eles são muito hábeis em argumentar. Cada discussão os fará mais fortes. Se não ganham, empatam.
- Compreendê-los e segui-los, ou, se o amor for grande, adotar a função de "obsessivo secundário" e transformar o próprio estilo de vida.
- Deixar que o parceiro se encarregue dos detalhes.
- Tentar cometer o mínimo de erros.
- Manter uma vida austera e sem gastos desnecessários.
- Rechaçar o ócio e cultuar o trabalho.

Não acredito que se entregar cegamente ao estilo obsessivo faça você feliz, mesmo que algumas vítimas tentem mostrar o lado alegre de viver presas num emaranhado de normas, horários e listas de todos os tipos.

Rechaçar as exigências do amor perfeccionista e desordenar a vida cotidiana

Se o que você quer é pôr limites no perfeccionismo da pessoa amada, deve esperar um forte contra-ataque. Opor-se à obsessão do outro e jogá-lo de cabeça na desordem normal da vida aumentará o stress dele de forma notável. O obsessivo verá minadas as suas fontes de segurança e tentará defender o seu modo de vida a qualquer custo, inclusive se afastando em definitivo e rompendo a relação. A devoção pela sistematização e o controle pode chegar a ser maior do que o amor por você e, se tentar bani-la, estará declarando guerra.

Vejamos alguns comportamentos que definem esta atitude:

- Ser espontâneo e imprevisível.
- Deixar-se levar pelos sentimentos e não somente pela razão e a lógica.
- Assumir o controle de parte do dinheiro e fazer dele o uso que desejar.
- Despreocupar-se com os detalhes e deixar espaço para a improvisação.
- Não controlar o humor e a risada, saindo das trilhas normais da adequação e do bom comportamento.
- Fazer do ócio uma opção válida e construtiva.
- Promover mudanças na vida cotidiana (decoração, alimentação, roupas) e explorar o novo livremente.
- Não se resignar a uma vida sexual e afetiva limitada e chata, e exigir as doses adequadas de amor e de prazer.

- Se encarregar das decisões e das atividades comuns, mesmo que o outro não goste de delegar funções.
- Cometer os erros naturais sem se desculpar nem se comprometer a ser perfeito.

Cada um dos comportamentos mencionados será uma punhalada no coração do sujeito obsessivo. Um defeito irreparável nos seus "bons" e "recomendáveis" costumes, um ato de irresponsabilidade sem precedente. A crise tomará dimensões existenciais porque você o colocará cara a cara com o seu déficit e com os medos irracionais que se desprendem do seu estilo. Você se transformará da noite para o dia em um ser desprezível. Um paciente obsessivo-compulsivo cuja mulher iniciou uma "revolução de descontrole" me dizia entre triste e indignado: "Não há nada a fazer, ela não me merece e pronto". Perguntei a ele se considerava que a mulher tinha razão em algum ponto da discórdia e ele respondeu: "Não posso negociar com uma pessoa dessa estirpe. Ela destruiu a minha vida, e só uma pessoa má faria isso". Os que não estão comigo estão contra mim – essa é a premissa de uma mente autoritária.

Até onde negociar?

Para estabelecer aproximações construtivas com o obsessivo, é preciso buscar o caminho do meio: nem entrega, nem provocação, mas acordos racionais e terapia especializada. A vantagem nesses casos, diferentemente do que ocorre, por exemplo, com os narcisistas e com os antissociais, é que o indivíduo obsessivo-compulsivo sofre bastante com o seu modo de ser e isso o motiva a procurar ajuda profissional. Em minha experiência, vi melhoras consideráveis em casos não tão graves, sobretudo se o obsessivo ama muito a pessoa com quem vive e não quer perdê-la. Lembremos que a alteração aqui não ocorre porque deixa de existir amor ou capacidade de amar, mas pelas exigências irracionais que eles tentam impor. Por exemplo, a sua pouca expressão de afeto está mais relacionada com um autocontrole emocional exagerado do que com o desamor em si. Então, se houver boa disposição, pouco a pouco um terapeuta poderá flexibilizar as exigências perfeccionistas do paciente e propor uma nova visão do mundo, enquanto lhe ensina técnicas de controle da ansiedade e estratégias de resolução de problemas, entre outras. Obviamente, você nunca terá um parceiro com a energia do sujeito histriônico nem com a desordem dos extrovertidos, mas é muito possível somar alguma emotividade à razão pura que os caracteriza e abrandar a sua rigidez mental.

Se a necessidade de conservar a ordem e a avareza cede, e a expressão de afeto melhora, é possível, com paciência, recompor a relação. Uma mulher resumia assim as melhoras do marido depois de quase um ano de terapia: "Sem dúvida, ele mudou muito. Já aceitou dividir melhor os gastos, não revisa mais a casa para ver se está suja, nem se dedica a organizar as coisas. Tornou-se menos moralista e mais flexível com os horários. Enfim, a relação está melhor. Mas há duas coisas que ainda faltam: rir mais e que possamos fazer amor de outra forma...". Quando perguntei de "que outra forma", ela respondeu: "Não é que eu queira coisas extravagantes, mas gostaria que não fizéssemos sempre no mesmo lugar, na mesma posição, no mesmo dia e na mesma hora". Numa consulta posterior, quando comentei com ele o que a mulher queria, o homem me disse que esses pontos eram inegociáveis, já que sem esses requisitos não podia ter ereções nem chegar ao orgasmo. Atrás desse bloqueio se escondia um curioso ritual e um sem-número de sinais de segurança que só permitiam a ele funcionar dessa forma. No entanto, com o tempo e bastante esforço da parte dele, conseguiu experimentar outras posições e mudar as datas, mas a hora e o lugar ficaram inalterados. Cada um avalia até onde chega e o que está disposto a entregar. Todos nós, psicólogos, recomendamos que a dignidade e a autoestima nunca devem ser negociadas, porque até o amor tem limites. Você decide.

Como reconhecer uma pessoa obsessiva antes de se apaixonar

Depois de tudo que foi dito até aqui, suponho que você já tem uma ideia bastante clara do que implica se relacionar com um indivíduo obsessivo. Ainda assim, apontarei os aspectos mais relevantes para se ter em conta nos primeiros encontros de modo a reconhecer o estilo em questão. Você não deve esquecer que estará em frente ao que é considerado "um bom partido", transbordante de virtudes aparentes e muito apreciado pela cultura casamenteira. Lembro que o sujeito obsessivo não carece de qualidades; seu problema é que ele as leva ao limite, exagera e então elas se transformam em antivalores. Trabalhar é bom; ser viciado em trabalho, não. Manter a ordem ajuda no desempenho; ser escravo das regras é uma doença. É bom levar algumas coisas a sério, mas não todas. Dessa forma, poderíamos nos referir a todos os aspectos que formam a personalidade obsessivo-compulsiva e sinalizar os excessos.

Alguns modelos a seguir poderão servir como guia.

- Ele estará atento aos erros que você cometer, ainda que não faça nenhum comentário.
- Se estiver em um restaurante ou hotel, se queixará do serviço e procurará mais os defeitos do que as qualidades.
- A atenção dele estará focada nos detalhes e perderá de vista a totalidade dos fatos.
- Você sentirá que há um excesso de "razão" e um déficit "sentimental": tudo passará pelo crivo da racionalidade.
- Você terá a impressão de estar diante de uma pessoa moralista.
- Se você sair das normas em algum sentido, será avaliado como potencialmente perigoso.
- Quando saírem para jantar, ele checará a conta umas mil vezes.
- Não suportará que as coisas não estejam no seu lugar, conforme "deveriam". Haverá uma ordem especial no seu hábitat e nas suas ações.
- Vai se encarregar de tudo, lhe recomendar o que fazer e assumirá a liderança.
- Você poderá observar que nada fica por conta da casualidade ou da improvisação, tudo estará calculado.
- Você perceberá que é uma pessoa que sempre está impecável e que é totalmente organizada na forma de se vestir e, inclusive, de se movimentar.
- Será submisso diante da autoridade.

Quando você é a pessoa obsessivo-compulsiva. Algumas considerações

Fica claro que, se você não mudar, as pessoas ao seu lado pagarão um custo muito alto devido ao stress que a sua maneira de ser provoca. Como você quer ter uma boa relação afetiva se limita e põe sob observação a pessoa amada como se fosse uma experiência? Ninguém resiste à dominação e à crítica permanente, nem sequer você. A reação natural ao assédio perfeccionista tem duas possibilidades: irritabilidade ou fuga.

Se você quer produzir a sua própria revolução de vida, precisa reestruturar os valores e entender que a felicidade não tem nada a ver com a busca da certeza e do alto rendimento. Haverá algo mais nocivo para o amor do que a tríade obsessiva (imperativos coercitivos, regras irracionais e exatidão desmedida)? O contrário tranquiliza qualquer relação: espontaneidade, liberdade de escolha e o direito de cometer erros sem ser punido. Os melhores momentos da vida são aqueles em que a mente se apazigua e importam muito pouco o futuro e o passado, precisamente ali onde você passa a maior parte do tempo. Se o seu caso é severo ou mesmo moderado, você deve buscar ajuda profissional para dar uma virada na sua forma de processar a informação: ser mais flexível, não aumentar as coisas, generalizar menos e acabar com o medo de perder o controle. É uma questão de se soltar. Descontrolar-se às vezes é saudável, o que significa dar mais espaço à emoção e aprender a "perder tempo" no bom sentido. Talvez não seja producente para o seu bolso, mas o será para a sua saúde mental e para as pessoas que você ama.

É possível que no passado você tenha sido submetido a uma educação punitiva e inflexível, na qual os seus pais fizeram do rendimento, do "bom comportamento" e do autocontrole uma forma de vida. A interiorização desses padrões estritos faz com que as pessoas desenvolvam medo de sair das normas morais e psicológicas. Exagerar nos princípios é tão prejudicial quanto não tê-los. Outra possibilidade é que você tenha sido submetido a modelos extremamente perfeccionistas, reais ou imaginados. Ou seja, se a sua educação foi determinada pelo culto à responsabilidade e pela recusa aos impulsos naturais, terão encapsulado a sua personalidade. Não se leve tão a sério: a "solenidade" nas relações apaga o amor, a irreverência brincalhona o reanima.

PARTE VI

ESTILO ANTISSOCIAL/ ENCRENQUEIRO

O amor violento

Você é um demônio? Sou um homem; portanto, tenho dentro de mim todos os demônios.
GILBERT KEITH CHESTERTON

Jamais é desculpável ser mau, mas há certo mérito em saber que se é.
CHARLES BAUDELAIRE

O ESTILO ANTISSOCIAL É UMA forma de antiamor (a outra corresponde, como veremos, ao estilo esquizoide). Segundo alguns filósofos peritos nesse assunto, as características que definem essa personalidade estão intimamente ligadas a uma espécie de "maldade essencial" que bloqueia qualquer tipo de aproximação afetiva. Do ponto de vista ético, são considerados "idiotas morais", ou seja, pessoas incapazes de reconhecer os direitos dos demais. Não é uma boa carta de recomendação para um pretendente, e menos ainda se levarmos em conta que esses indivíduos tendem a violar as normas sociais, são extremamente impulsivos, irresponsáveis e, com frequência, apresentam comportamentos fraudulentos e ilegais. Mas o que surpreende mesmo é que consigam alguém, casem e tenham filhos.

Se no estilo paranoide a questão é como "viver com o inimigo", aqui se trata de como "sobreviver ao predador". E não falo necessariamente dos assassinos em série, mas os que têm um estilo antissocial e estão inseridos na nossa sociedade como pessoas de bem, quando, na realidade, são uma ameaça para qualquer um. Não importa em que categoria estejam: caloteiros de colarinho branco, viciados em perigo, fanfarrões, imprudentes ou abusadores, todos têm o núcleo da destruição interpessoal, todos coisificam os demais, não importa quanto amor jurem.

Carmem conheceu Antônio quando estava prestes a se formar advogada. Ele era professor da universidade e vinte anos mais velho do que ela. Mesmo que ele já tivesse casado três vezes e tivesse quatro filhos, parece que Carmem não se importou muito com isso. Ela sentiu-se fascinada pelo modo de vida arriscado e irreverente que Antonio levava. Numa consulta posterior, ela confirmou esse aspecto: "Acho que me apaixonei pela energia e pela sua vontade de aproveitar a vida... Havia tanta paixão nele". Pouco tempo depois, ela engravidou e decidiram se casar. Infelizmente, os problemas não demoraram a aparecer. O primeiro que chamou a atenção de Carmem foi a falta de preocupação de Antônio com o filho que estava a caminho. Sua "vontade de viver" contrastava de forma notória com a frieza que demonstrava com a gravidez. Não a acompanhava ao médico, nunca perguntava como se sentia e, "para não incomodá-la", havia começado a dormir na biblioteca. E foram aparecendo mais coisas. Apesar do aperto econômico, um dia chegou em casa com uma grande surpresa: tinha comprado um carro de corrida para competir profissionalmente! Ela o fez ver que não poderiam pagar por ele e o convenceu a devolvê-lo. Em outra ocasião, gastou o salário numa enciclopédia de cem tomos que não cabia no apartamento. Quando a criança nasceu, o homem seguiu impávido e distante, mas começou a ser agressivo com ela. Um dia a agrediu com uma cadeira e quebrou a sua clavícula. Isso fez com que a família de Carmem interviesse e a levasse embora, mas ao ver que iria perdê-la, ele pediu perdão e jurou que frequentaria um grupo de terapia, coisa que nunca fez. Dois meses depois do incidente, o demitiram da universidade porque descobriram que tinha um romance com uma estudante, a quem não voltou a ver porque Carmem ameaçou se separar de novo. Nessa época, começaram a ameaçá-lo pelo telefone devido a algumas dívidas que havia contraído com apostas nos cavalos. Ela saiu em sua defesa e pagou tudo com suas economias e dinheiro emprestado. Ainda é preciso somar sete acidentes menores de automóvel e um atraso de três meses no aluguel do apartamento que os deixou na iminência de serem despejados. Enfim, a lista dos comportamentos ilegais e irresponsáveis de Antônio era considerável.

Além desse panorama truculento e esgotante para qualquer um, Carmem tinha de lidar com os gostos sexuais de Antônio, que não eram nada convencionais. Sempre queria experimentar coisas novas e chegava com propostas loucas dos mais variados tipos, com as quais ela concordava porque eram os únicos momentos em que o via relaxado e que lhe dava algumas demonstrações de carinho. Numa consulta, Carmem definiu o problema do casal da seguinte forma: "Não é que ele não me ame por eu ser como sou... Já percebi, o problema é que ele não sabe amar. Nunca o ensinaram a respeitar os demais, não compreende nem entende a dor alheia. Não é bom pai, nem bom marido, a única coisa que deseja na vida é aproveitar e não se aborrecer. Desde a vez em que ameacei denunciá-lo, não voltou a me bater, mas, quando fica furioso, me xinga e já chegou a me empurrar... Quero me separar, mas tenho medo dele. Ultimamente, diz que, se eu deixá-lo, me mata e se mata, e eu acredito que é capaz de fazer isso. Tenho a esperança de que com algum tipo de ajuda ele mude".

Tanto na vida como no amor, às vezes a esperança é a primeira coisa que é preciso perder. Esperar que Antônio sofresse uma transformação radical era tão provável quanto alguém ganhar três vezes seguidas na loteria. De toda a forma, a sorte favoreceu Carmem. O homem, de tanto ciscar aqui e ali, encontrou uma substituta e partiu com essa mulher. Depois de quatro anos de sofrimento, Carmem por fim ficou livre e com a sequela típica que acompanha esses casos: "Não quero mais saber do amor".

Uma fobia amorosa que deve ser interpretada como uma resposta natural do organismo para se curar e esquecer as más experiências.

A teia de aranha do amor maligno

A essência do amor maligno é a coisificação do outro. Supõe transformar as pessoas em objetos de múltiplo uso e se eximir de qualquer responsabilidade perante a existência alheia. Quer estar com alguém porque satisfaz algumas necessidades básicas, mas nada mais: não há vínculo, só proveito transitório e exploração. O estilo antissocial se opõe ao sentimento de compaixão pelos demais seres vivos e é o contrário do altruísmo, o seu oposto natural. Lembro de um paciente de quatorze anos que tinha o costume de colocar animais vivos no forno de micro-ondas e observá-los. Numa consulta, esta foi a descrição que fez: "Na última vez coloquei um gato. O que eu senti foi acima de tudo curiosidade; no entanto, quando o animal explodiu, me senti eufórico... Era como uma vitória, entende? Percebi que tinha o poder de eliminar o que Deus criou... E, bem, estamos juntos nessa". Obviamente esse grau de "prazer pelo sofrimento alheio" só é visto em casos extremos. De toda forma, o desprezo que o estilo antissocial nutre pelos outros quase sempre termina em maus-tratos cruéis e continuados, sejam físicos, psicológicos ou emocionais. O parceiro não vai parar no micro-ondas, mas sofre degradação moral ou é explorado sem comiseração.

A teia afetiva do estilo antissocial é tecida sobre a base de três esquemas profundamente patológicos e nocivos: "Não me interessa a sua dor nem a sua alegria" (*coisificação afetiva*), "Bem feito, quem mandou ser tão fraco?" (*desprezo/maus-tratos*) e "Não tenho nenhuma obrigação com você" (*irresponsabilidade interpessoal*).

Coisificação afetiva: "Não me interessam a sua dor nem a sua alegria"

O egocentrismo do antissocial não responde, como no caso do narcisista, a uma crença de grandiosidade que o faz único e especial, mas a um estado do "eu" em que não existe ninguém mais: estou sozinho para enfrentar a vida. Lembremos que o narcisista precisa de afago e de reconhecimento para se manter vivo. Por outro lado, o antissocial se basta a si mesmo e por isso dependura as pessoas num chaveiro, as leva e as traz como se fossem uma "coisa", sem esperar nenhum tipo de aprovação. Em geral, o antissocial não precisa dos outros para fortalecer a sua autoestima. Os demais são, por definição, supérfluos ou prescindíveis, a não ser que possam ser usados em algum sentido. O termo "supérfluo" foi utilizado por Hannah Arendt no livro *As origens do totalitarismo* para se referir ao "mal radical" demonstrado pelos nazistas em relação aos judeus.

Uma mulher vítima de um homem antissocial me explicava conscienciosamente essa terrível sensação de não existir para o outro: "Ele não briga comigo nem torna minha vida impossível com discussões e agressões. Não se trata disso; ao contrário, age como se eu não fosse uma pessoa, como se eu não existisse. E não é desamor, é algo pior, mas não encontro palavras para explicar. Bom, talvez isso explique: de fato, sou um zero à esquerda, meu ser não tem qualquer valor para ele". Suponho que a sensação da minha paciente deve ter sido similar à que sentiam os judeus nos campos de extermínio ou os torturados sob qualquer regime ditatorial. Frios de coração, assim são chamados os sociopatas. Como sobreviver a uma relação afetiva sem a dimensão ética do amor? Como amá-lo se você não vê humanidade em mim?

Poderia se argumentar que alguns indivíduos antissociais parecem amar de verdade certas pessoas à sua volta. No entanto, uma análise mais profunda nos ensina que esses "amores" são tão utilitaristas e tão carentes de sensibilidade que terminam adotando alguns formatos afetivos destrutivos e *sui generis*. Um homem mulherengo e muito endinheirado dizia com plena convicção: "Juro que, de todas as minhas amantes, ela é a que mais gosto! Não é justo que ela me rechace assim!". Por exemplo, em algumas subculturas violentas, nas quais as pessoas são consideradas "descartáveis" e não parece haver mais futuro do que o dia a dia, muitos matadores de aluguel que dizem amar as suas mães e irmãs carregam as fotos delas como amuletos de boa sorte ao cometer assassinatos, ainda que antes as maltratem e as desprezem. Alguns inclusive lhes pedem a bênção depois de insultá-las. Amor duvidoso, certamente, porque usar uma pessoa não é amá-la.

Desprezo/maus-tratos: "Bem feito, quem mandou ser tão fraco?"

O que expliquei no item anterior nos leva à seguinte pergunta: quem os indivíduos antissociais respeitam? Na verdade, respeitam alguém? Sim, pois a luta do mais apto faz com que se curvem diante dos mais fortes ou daqueles que poderiam vencê-los. Um predador respeita outro predador: assim funciona a ordem territorial. Os que amam segundo o estilo antissocial percebem a si mesmos vivendo numa selva pré-histórica onde devem sobreviver a qualquer preço. Para eles, a vida é um privilégio só merecido pelos mais aguerridos e combativos, os que chegam ao cume da cadeia evolutiva. Essa visão do mundo é inaceitável para qualquer sociedade civilizada porque leva a crer que as vítimas merecem ser vítimas por serem fracas e incapazes. A filosofia da supremacia racial partia de um princípio similar: a natureza premia os poderosos e castiga os fracos e adoentados. Se levarmos isso ao terreno afetivo, poderíamos chegar a concluir algo tão despropositado como o seguinte: se o seu parceiro é mais forte e mais agressivo, você está abaixo na escala biológica e, portanto, ele tem direito a pisar em você como bem entender. Em plena consulta, um homem com essas características, ao ver que a mulher respondia e não ficava calada quando ele a insultava, recriminava a minha pouca solidariedade de gênero: "Como o senhor fica tão tranquilo e calado? O senhor é um homem! Não vê que ela quer se *igualar* a mim?".

Há certo delírio de onipotência nos indivíduos antissociais que se manifesta numa lógica de "dominação total": o poder esmagador, de um lado, e a adaptação passiva por parte da vítima da ordem hierárquica. Lembro um caso de um homem com essas características que brigou com um grupo de jovens porque tinham paquerado a sua companheira. Numa consulta, perguntei a ele: "Bom, se você a defende tanto, deve ser porque você acha que ela vale a pena, ou não?". A resposta me deixou perplexo: "Na realidade, foi como se tivessem arranhado meu carro. Ela é minha, e esses idiotas vieram se meter comigo. É simples assim". Voltei a insistir: "Você a ama, sente algo por ela?". Ficou pensando no assunto como se nunca tivesse feito isso antes e finalmente concluiu: "Não tenho nem ideia".

A dominação total implica tanto o *menos*prezo como o *des*prezo pelo outro. Ainda que ambas as palavras possam ser consideradas sinônimas, vale a pena fazer uma diferença de grau de rejeição a que se referem. Por exemplo, o narcisista tende a menosprezar ("Sou mais que você; você *vale menos*"), mas o antissocial tende mais a depreciar do que subvalorizar o outro ("Estou por cima, e você *não vale nada*"). Voltamos à coisificação do próximo como filosofia de vida. Amar um antissocial é morrer duas vezes: como pessoa jurídica, já que você perde o direito a ter direitos, e como sujeito moral, porque você destrói a sua identidade e se despersonaliza. E não devemos imaginar necessariamente um absurdo de agressões físicas e olhos roxos; a estratégia do estilo antissocial para submeter os companheiros, degradando-os e anulando suas iniciativas, pode ser muito sutil e passar despercebida à primeira vista. Lembremos que essas pessoas têm um quociente intelectual alto e, ainda que sejam impulsivas, também são manipuladoras e atuam com premeditação.

Depois de um tempo de relação, aqueles que são casados com antissociais perdem a sua energia vital e se tornam conformistas ao extremo e resignados à sua sorte. Manifesta-se nessas pessoas uma curiosa forma de dissociação entre a mente e o corpo: sabem que devem fugir e se salvar, mas seu físico não reage. A adrenalina perde o poder de impulsionar o organismo até a liberdade, e a mente adota a típica atitude da desesperança aprendida. Em alguns casos, essa inércia essencial costuma estar acompanhada de um amor intenso pelo carrasco.

Uma mulher, amante de um mafioso com fortes traços antissociais, era incapaz de sair da armadilha em que estava, e não porque o homem a tivesse ameaçado alguma vez de matá-la caso partisse (ele tinha outras, e ela não era uma das preferidas), mas porque ela havia perdido toda a capacidade de decisão. O homem a assediava, a usava e a confinava, sem que ela esboçasse a mínima reação. Tristemente, havia interiorizado a condição de objeto. Quando a mãe a trouxe ao meu consultório, considerei que ela estava muito mal e sugeri que a internassem, mas decidiram adiar. Uma semana depois, o homem foi detido, mas ela seguiu vindo às consultas. Depois de alguns meses, com a cabeça mais fria e o trauma mais distante, fez a seguinte reflexão retrospectiva: "Eu não pensava, respondia de forma automática o que ele me dizia... No fundo, me sentia orgulhosa de ser sua amante, mesmo que me maltratasse. As suas ideias eram ordens, as suas necessidades eram as minhas necessidades, e mesmo que tivesse outras mulheres, eu lhe era fiel em tudo. Teria dado a minha vida por ele, inclusive a coloquei em risco mais de uma vez para lhe satisfazer. O senhor me perguntou se o amava e preciso ser honesta: acho que sim, mas era como amar o carrasco... Ele nunca disse que me amava, jamais foi terno comigo, jamais houve um abraço afetuoso. Nenhuma vez perguntou o que eu sentia nem o que eu queria, nunca soube o dia do meu aniversário nem conheceu ninguém da minha família. Para ele, eu não tinha história. Era uma morta-viva".

Irresponsabilidade interpessoal: "Não tenho nenhuma obrigação com você"

No estilo antissocial, a culpa ou o remorso não tem espaço. Os efeitos negativos e destrutivos que as suas ações têm sobre os demais não são processados corretamente: "O que está feito, está feito". A ideia do compromisso não existe e menos ainda o conceito das obrigações adquiridas, sejam elas trabalhistas, conjugais ou econômicas. Não escutarão as queixas porque não assumem como própria a responsabilidade nem a ciência do fato. A incapacidade de duvidar sobre o que fizemos ou dizemos gera uma ilusão de controle com sérias consequências morais. Por exemplo, não haverá lugar para a reparação, a autocrítica ou um diálogo democrático. O mais cru autoritarismo impregna as suas mentes: "Não preciso me justificar nem me responsabilizar pelos meus atos". Como levar adiante uma relação em que o outro não assume nenhum compromisso porque pensa que simplesmente não tem obrigação? Não é possível.

É importante destacar que essa incapacidade de estabelecer de forma confiável acordos e contratos não corresponde à rebeldia do passivo-agressivo, que, podendo ser responsável, diz que não o é como um ato de protesto frente à suposta ingerência do parceiro. A irresponsabilidade do antissocial não nasce da oposição, mas de uma ausência do ser consciente. Não decide ser irresponsável, o é de forma "natural", é a lei da vida que o exime. O passivo-agressivo tem um lado dependente que o empurra a buscar e a reclamar por segurança nos demais. Isso não costuma ocorrer nos sujeitos antissociais cuja base segura não localizam no próximo, mas no monopólio da força.

Por que nos envolvemos numa relação antissocial? A atração pelo guerreiro

Para compreender por que uma pessoa aparentemente sadia e inteligente se envolve numa relação antissocial, é preciso considerar dois fatores:

a. Os indivíduos antissociais, homens ou mulheres, são encantadores e sedutores durante a conquista e inclusive depois dela. Pura pele de cordeiro, mas funciona.
b. Certas pessoas encontram no estilo antissocial uma forma de compensar as suas carências.

> Como veremos em seguida, alguns comportamentos típicos dos antissociais são muito atraentes e inclusive "dignos de admiração" para os que têm certas vulnerabilidades específicas.

Se você apresenta algum dos três esquemas mal-adaptativos a seguir, é provável que o estilo antissocial acabe atraindo você. Cabe assinalar que os três estão intimamente relacionados e às vezes a presença de um deles implica a aparição do outro. Com fins didáticos e para que você possa observar melhor a sua dinâmica, decidi mostrá-los separados. O conjunto desses atributos constitui em grande parte o "paradigma do herói" (ou da heroína), um mito que ainda permanece nos imaginários sociais e se manifesta nos seguintes valores: vigor, valentia e gosto pela aventura.

Vejamos cada uma destas necessidades: "Preciso de um companheiro que me defenda" (*fraqueza crônica*), "Preciso de alguém valente para admirar" (*desprezo do medo*) e "Preciso que me façam sentir emoções fortes" (*vício pelo perigo*).

Fraqueza crônica: "Preciso de um companheiro que me defenda"

Algumas pessoas não buscam alguém para amar, mas sim um guarda-costas afetivo. Quem se sente incapaz de enfrentar a vida por si próprio precisa de alguém que lhe garanta uma base segura para se sentir protegido. Essa autopercepção de *fraqueza crônica* encontra no antissocial o apoio de uma fortaleza e um poder de atração. O sonho do super-homem ou da supermulher está intimamente relacionado com a baixa autoeficácia e com a estrutura de dependência do sonhador. Uma adolescente me apontava as vantagens que o namorado lhe oferecia: "O que mais eu posso pedir? É forte, seguro de si, as pessoas o respeitam... Inclusive elas têm um pouco de medo dele, e eu gosto disso. Ninguém vai se meter comigo, me sinto com um verdadeiro homem ao meu lado". Machismo funcional e *à la carte*. Você quer um homem ou um guerreiro? Uma mulher ou uma amazona? Quem é encrenqueiro de alma precisa de discussões e brigas para justificar o seu modo de vida, é por meio da força que ele abre caminho e se afirma. O problema começa a se formar quando não há batalhas à vista e o mais parecido com um inimigo é a pessoa que está ao seu lado. Estar muito próximo de um antissocial é como alimentar um tigre selvagem: não se sabe o que ele fará com você quando estiver com fome.

Em determinados grupos sociais nos quais a violência faz parte da vida cotidiana, as pessoas antissociais costumam ser as mais desejadas pelo sexo oposto, já que têm maiores possibilidades de sobreviver. Nesse caso, o amor será um tanto utilitarista porque estará diretamente relacionado com a possibilidade de se defender dos agressores. E, se subirmos de estrato social, a coisa não muda muito, ainda que adote uma apresentação mais elegante. Aqui, a rigidez física é substituída pela rigidez nos negócios e pela capacidade de liderar grupos financeiros e comerciais. Dá no mesmo: enquanto existirem pessoas que se considerem frágeis em algum sentido ou desamparadas, os que aparentarem ser "seguros de si" e bem-sucedidos serão muito valorizados no mercado afetivo. Uma mulher me dizia: "Gosto de ver quando ele entra num restaurante e todos se desdobram para atendê-lo, ou quando dá ordens aos subalternos na empresa. Ele tem uma classe especial que não foi dada nem pela cultura nem pelos estudos, ele nasceu para estar por cima e mandar... Cai bem nele a pose de valentão bem-sucedido, e até eu combino bem com ele, fui feita à sua medida". Eu me pergunto o que ocorreria se o marido dessa mulher sofresse uma depressão e de "grande homem" passasse a ser inseguro, fraco e psicologicamente menos poderoso. O amor encolheria? Ela o perdoaria?

Desprezo pelo medo: "Preciso de alguém valente para admirar"

Ninguém nega que o espírito aventureiro e arrojado seja um dos valores que fizeram avançar a humanidade. Inclusive, se pensarmos na própria vida, veremos que a grande maioria das nossas conquistas esteve vinculada de forma direta a uma atitude valente e desafiadora. Os desafios nos mantêm atualizados e motivados para o crescimento. No entanto, essas vantagens são perdidas quando deixamos para trás as revoluções e caímos na imprudência e na insensatez. Os antissociais, mais que valentes, são temerários, não avaliam o perigo real e transformam a audácia numa atitude irresponsável que põe em perigo a integridade própria e a alheia. A coragem, dizia Aristóteles, é o meio-termo entre a covardia (o medo irracional) e a temeridade (não perceber o perigo). Na realidade, não é que o valente não tenha medo, mas o perde quando é necessário. O indivíduo antissocial se encontra no extremo da temeridade, já que não processa o medo de forma adequada: o ridiculariza ou simplesmente não o detecta. Qualquer que seja o motivo, um dos traços que mais o identificam é levar uma vida no limite. Não é difícil deduzir que, se uma pessoa despreza o medo e o vê como um sintoma de fraqueza, considerará a atitude temerária do antissocial como um atrativo interessante. Facilmente confundirá a incapacidade de "ler de forma adequada o perigo" com a intrepidez do valente.

Lembro que na minha juventude conheci uma bela jovem a quem tentei conquistar à moda antiga. Muitas visitas em casa, esquentando a cadeira, e saídas esporádicas. Tudo ia de vento em popa até que um dia fomos à propriedade de um parente dela cuja maior atração eram os cavalos. Sempre tive certa fobia de cavalos. Para ser sincero, nunca entendi o que enxergam de belo num cavalo. Eu os vejo como cachorros gigantes nos quais tenho de montar. Tentei dissimular a minha apreensão, mas quando o animal decidiu ir para a direção contrária ao grupo, comecei a pedir ajuda. Na verdade, mais parecia um cavalo passivo-agressivo. Depois de uns instantes, tive um típico ataque de pânico, e as pessoas do passeio vieram para onde eu estava, me colocaram no chão e me deram água para me acalmar, tudo diante do olhar atônito da minha pretendente. Depois de semelhante número, ela nunca mais quis me ver. Talvez se a minha personalidade tivesse uma pitada de psicopatia, algo tivesse dado certo.

Vício pelo perigo: "Preciso que me façam sentir emoções fortes"

A história está cheia de casais em que ambos mostram traços antissociais. Relações afetivas que mais parecem uma sociedade para delinquir do que um ninho de pombinhos. Algumas dessas relações afetivo-ilegais mantêm um vínculo de igual para igual, onde não há dominadores nem dominados, tal como foi o famoso caso de Bonnie e Clyde, em que ela (Bonnie) atirava e roubava bancos e era tão ativa e tão agressiva como ele. Em outros casos, a relação dominação-submissão estava claramente determinada e, em geral, era a mulher que cumpria o papel de ajudante e fiel partidária. Por exemplo, o renomado caso dos anos 1980 de Alton Coleman e sua namorada Debra Brown, que percorreram várias cidades dos Estados Unidos e em menos de dois meses cometeram todo tipo de delitos, roubos e assassinatos. Ele era o guia, e ela, a adepta obediente.

As pessoas antissociais, assim como algumas personalidades muito extrovertidas, precisam de emoções intensas para se sentir vivas e "equilibradas": gostam de ouvir música com os decibéis nas nuvens, dirigir rápido, provar diferentes tipos de droga, praticar sexo selvagem ou se atirar de paraquedas, enfim, se pudessem viver numa montanha-russa, o fariam. Não só têm uma baixa tolerância à frustração, que os leva rapidamente à agressão, mas também mantêm uma baixa "tolerância ao tédio", que os impulsiona a buscar condutas extremas para sentir com mais intensidade. O estímulo previsível e calmo os estressa e os descompensa, daí o seu vício pelo perigo.

Então, não é de se estranhar que as pessoas que demonstram interesse por estímulos variados e, com frequência, intensos, encontrem nos antissociais um companheiro ou uma companheira de aventuras bastante sensoriais. Uma adolescente descrevia assim a sua nova conquista: "É um louco simpático, gosta de risco assim como eu, tudo ele vive com intensidade, como se fosse o último dia de vida. Nós nos encaixamos perfeitamente". Amor a cem quilômetros por hora e em queda livre. Uma festa a cada dia? Tenho as minhas dúvidas. Quem vive a dois sabe que há tantos momentos de tédio como de alegria. Isso é normal, a não ser que o seu parceiro seja especialista em recreação. É óbvio que esse estilo de vida louco seria uma tortura chinesa para um sujeito introvertido ou com traços obsessivos, tão manso quanto cuidadoso. Se o protótipo do estilo histriônico-teatral é representado por Glenn Close no filme *Atração fatal*, brigam pelo modelo do estilo antissocial dois candidatos muito qualificados e com méritos iguais: Sharon Stone em *Instinto selvagem* e Anthony Hopkins em *O silêncio dos inocentes*. Para eles, matar, ameaçar, se autoflagelar, ser canibal e violar normas são sinais de uma vida agitada e muito animada.

Convencer um antissocial de que não viva na corda bamba, mesmo que não chegue aos extremos cinematográficos mencionados, é quase impossível. É verdade que, com o passar dos anos, a testosterona baixa e a avidez por adrenalina também, mas as pessoas antissociais resistem a tal pacificação do ânimo e seguem insistindo em ter experiências fortes. É como se as carregassem no DNA. O vício pelas emoções intensas e a incapacidade de se autocontrolar parecem ter origens traumáticas e patológicas (maus-tratos na infância, abandono, abuso sexual) que os pacientes, na maioria das vezes, não podem resolver. Um antissocial de verdade sente orgulho de ser assim e, além disso, se diverte. Por que mudar, então? Os transtornos em que o sujeito se sente bem com a sua patologia e não quer modificar os comportamentos são conhecidos como egossintônicos, e aqueles pacientes que sofrem e querem mudar são denominados egodistônicos.

Lembro o caso de uma mulher casada pela segunda vez com um homem tranquilo, trabalhador e bom pai. Ao longo das consultas, ela revelou que vivia entediada e sempre pensava no seu ex-namorado: "Eu sei que agora estou em paz, amo meus filhos, tenho um trabalho, um bom marido, enfim, tenho uma vida organizada... Mas não sei, no meu íntimo, sinto falta de todas as loucuras que compartilhei com Carlos. Tudo era tão vivaz e penetrante! Cada dia era uma aventura, fazíamos o que queríamos e não tínhamos obrigações de nenhum tipo. As experiências de vida que mais me marcaram foram daquela época. Gostaria que meu marido se parecesse um pouco com o meu ex ou que pelo menos perdesse a sensatez de tempos em tempos. Acho que fui de um extremo ao outro e não encontro o meio-termo". Atualmente, Carlos está preso e não sairá nos próximos quinze anos. Se minha paciente seguir assim, em quinze anos haverá um inevitável encontro, e é bem provável que o vulcão apagado que mora nela seja reativado com toda a força. Reminiscências de uma mente que não se encontra a si mesma e quer viver o amor de uma maneira mais violenta e ardente.

Podemos nos relacionar de forma saudável com uma pessoa antissocial?

A estrutura psicológica do antissocial ataca o próprio cerne do amor e o perverte. O núcleo duro se contamina sob a influência de alguns esquemas que negam o outro como um interlocutor válido e digno de ser amado. De tudo o que foi dito até aqui, se pode deduzir que pretender uma relação saudável com alguém que não tem empatia, maltrata o outro e é irresponsável não deixa de ser um erro ou uma forma tenebrosa de suicídio assistido.

Estratégias de sobrevivência afetiva

Apontarei as duas opções principais que as pessoas adotam para lidar com esses casos: os que escolhem se anular para seguir com a pessoa amada e os que ingenuamente tentam enfrentar a irracionalidade do estilo antissocial com a força dos argumentos. Ambas estão destinadas ao fracasso.

Entregar-se às pretensões do estilo antissocial e aceitar a escravidão como forma de vida
A crença que rege este grupo de comportamentos é: "Se faço as suas vontades e aceito a sua maneira de ser sem protestar, ele descobrirá que me ama". Essa ingenuidade afetiva ("Eu o reabilitarei ou o humanizarei") tem um custo psicológico muito alto porque as táticas de apaziguar o outro, agradando-o indiscriminadamente, apenas reforçam cada vez mais os comportamentos negativos e nocivos. Além disso, o indivíduo antissocial interpreta os comportamentos de busca por conciliação como sintomas de fraqueza, o que acentua ainda mais o seu papel de algoz: "Você *merece* ser maltratado". De forma similar ao que ocorre com os narcisistas (quando mais você os amar, mais crescerá o narcisismo deles), o sujeito antissocial incrementará a sua atitude depreciativa e violenta quanto maior for a entrega do companheiro e das pessoas em geral.

Vejamos alguns comportamentos que definem essa atitude:

- Não propor nada que lembre uma relação estável e compromissada.
- Frear os maus-tratos de forma pacífica, mostrando que há outras maneiras de se relacionar.
- Aceitar que sempre se estará sozinho para enfrentar a vida cotidiana, já que o outro não será responsável pelas consequências do seu comportamento.
- Ter uma grande autoestima para suportar os ataques e o desprezo.
- Estar disposta ou disposto a experimentar coisas novas e variadas no campo sexual, mesmo que não sejam agradáveis ou forem contra aos seus princípios.

- Acostumar-se com emoções fortes e a ter atividades de risco de todo tipo.
- Não tentar mudar o outro nem dar conselhos. Aceitá-lo como é e deixar que ele faça pleno uso da liberdade.
- Não se opor à infidelidade, caso houver.
- Não esperar por expressões de afeto nem manifestações de ternura.

Seria um erro pensar que o método de "acalmar a fera" é seguido apenas em alguns casos isolados. Ao contrário, a maioria das pessoas que teve a infelicidade de se apegar a um antissocial acredita que essa tática lhe permitirá reeducar emocional e moralmente o companheiro. Mas o famoso milagre do amor, ao menos na minha experiência clínica, brilha pela ausência. O mais conveniente é manter uma atitude realista. A máxima é: se a estratégia que você escolheu para tentar conseguir uma relação saudável é se entregar ao antissocial dos seus sonhos em nome do amor, acorde e aterrisse: ele ou ela não mudará um triz, não importa quanto amor, assertividade e resistência civil você aplicar.

Colocar o antissocial em seu devido lugar e assumir o risco do contra-ataque

A maioria dos que tentaram "colocar um antissocial no seu devido lugar" teve de recorrer às autoridades devido à violência do outro. É mais ou menos como querer domesticar um dinossauro. E não estou exagerando: as consequências para quem se lança na arena com essas personagens são muito perigosas. Se o que você pretende é restabelecer a ordem e equilibrar a relação bruscamente, verá que não há um lado sadio; qualquer tentativa de rebelião será repelida com agressão física ou psicológica (lembre que para o indivíduo antissocial nem a culpa nem o remorso antecipado freiam ou moderam o seu comportamento).

Se você escolher a estratégia linha-dura para enfrentar o antissocial, será uma pedra no sapato dele e um obstáculo para que ele alcance as suas fontes de prazer e diversão. Ele não vai suportar e simplesmente tirará você do caminho à força. Para ele ou ela, amar você e seguir as suas indicações seria aceitar o autocontrole como forma de vida, coisa que jamais fará, porque o seu cérebro não está preparado para se impor limites. Quando se sentir pressionado ou pressionada, é muito provável que desencadeie uma contraofensiva para colocar você no seu lugar. Parafraseando o jargão do malfeitor: tentará dar o que você merece. Pense por um momento: que sujeito antissocial suportará que lhe digam "não" e que a "fraca" e "precária" vítima assuma o controle? Não entrará na cabeça dele nem em um milhão de anos. Outra opção seria que você pudesse contratar o Quarteto Fantástico para sair em sua defesa, mas ainda assim seria pouco gratificante manter uma relação na qual o respeito aos direitos humanos deva ser imposto pela força. É algo que deve ser espontâneo ou não serve. A conclusão é, evidentemente, pragmática: não tem muito sentido você empreender uma cruzada para humanizar o seu companheiro e ensiná-lo que, além de não castigar você, ele deveria ser sensível às suas necessidades.

Até onde negociar?

Não há muito para dizer. A essência do estilo antissocial, o seu desprezo pelos demais, a tendência à exploração e a atitude encrenqueira e agressiva tornam impossível uma relação saudável e construtiva. Não nego que duas pessoas antissociais ou um antissocial casado com alguém que seja de estilo limítrofe, como veremos adiante, possam combinar na busca de emoções fortes ou em atividades transgressoras, mas essa associação está muito longe do amor que todos procuramos e que consiste em nos vincular pelo lado bom, não pelo mau. Unir patologias é criar uma patologia maior.

Para qualquer um que não deseje se submeter ao outro e tenha uma pitada de amor próprio, o amor violento é insustentável, mesmo que não seja extremo. Como amar quem o maltrata, ainda que seja "só um pouco"? Como estar com alguém que o usa e somente se interessa por você para tirar algum proveito? Não é possível ter uma vida digna, mesmo que pareça "amorosa", se o outro quer nos submeter e coisificar. Isso é tão evidente e tão difícil de entender para alguns apaixonados!

O que negociar, então? Pouco ou nada. Há uma resignação saudável à qual é necessário apelar nesses casos: "Não invisto mais aqui". Correr na direção contrária à indicada pelo coração apaixonado. E não avalie a fuga como uma demonstração de covardia, mas como um ato de sobrevivência.

Como reconhecer uma pessoa antissocial antes de se apaixonar

Há certo atrevimento na conquista antissocial. Durante o processo de sedução, forças conflitantes afloram nele: a impulsividade que o leva a "pegar o que quer", sem nenhuma consideração, e a consciência de que qualquer aproximação ao sexo oposto implica persuadir e cativar o outro por livre e espontânea vontade. O primitivo (colonizar, invadir ou "ocupar") *versus* o civilizado (convencer, atrair, cativar). Como eles não são bons no autocontrole, é possível que transpareçam algumas condutas de dominação. Não é que não demonstrem interesse: o farão, mas por meio de métodos por vezes toscos ou muito agressivos.

Algumas das seguintes pautas podem servir como guia:

- Não será capaz de frear a diversão e as emoções prazerosas.
- Tentará compartilhar atividades extremas e envolver você nos seus jogos. Vai querer convencê-lo das vantagens e do maravilhoso que é ter experiências limites.
- Tentará ter relações sexuais apressadamente e de modo pouco convencional.
- Mostrará muito pouco interesse pelo que você sente e pensa. Irá se concentrar naqueles aspectos em que possa obter prazer ou algum benefício.
- Como são mentirosos e manipuladores, é preciso estar atento: lembre que para eles o fim justifica os meios.
- É possível que viole alguma regra com tranquilidade.
- Não aceitará "não" como resposta e tentará transformar você em "cúmplice".
- Gostará de mostrar poder e de deslumbrar o outro, por isso fará alarde do seu poderio, da sua força ou da sua valentia.
- Desde o começo, vai tentar que aceite incondicionalmente as suas ideias e os seus sentimentos.

- Você sentirá uma mistura de atração e medo que não poderá decifrar com facilidade.
- Logo você perceberá que ele trata você como um objeto.

Sentimos o "amor maligno" quando nos ronda. No mais íntimo de nós, sabemos se podemos confiar em certa pessoa ou não (a não ser que tenhamos um perfil paranoide e todos nos pareçam ameaçadores). Não acho que devamos comprovar muito: se os indicadores anteriores estão presentes e se a essência do outro cabe no que descrevemos neste capítulo, você já sabe o que fazer. Revise quais são as suas vulnerabilidades e, quando aparecer um antissocial tecendo ao seu redor uma teia, simplesmente se afaste.

Quando você é a pessoa antissocial-encrenqueira. Algumas considerações

Não tenho muito para lhe dizer. Se você leu o restante do capítulo, ao menos já terá percebido que o seu estilo afetivo gera dor nos outros e que é impossível manter relações saudáveis com pessoas insensíveis, violentas e irresponsáveis. Isso é mais do que óbvio. Mas o que mais deveria surpreendê-lo é que, apesar da sua maneira de ser, sempre haverá gente que o ame. A vida lhe dá por vezes a oportunidade para que revise o seu "eu" e mude o modo doentio de se relacionar, mas você insiste nas suas táticas destrutivas. As pesquisas clínicas mostram que poucos sujeitos com traços psicóticos e antissociais conseguem, por meio de técnicas psicológico-morais, se colocarem no lugar do outro, sentir certa culpa quando atingem os demais e um vislumbre de compaixão frente ao sofrimento do próximo. É uma oportunidade que a ajuda profissional lhe oferece. Mas é difícil apostar na mudança quando você não tem consciência plena do seu mal.

De todo modo, e mais além da complexidade do seu estilo afetivo, o transtorno de fundo tem uma causa. O fato de que tenha mudado a ideia de "viver" pela de "sobreviver" tem uma explicação científica. Hoje sabemos que as personalidades antissociais são o resultado da interação de variáveis biológicas e ambientais. Por exemplo, no biológico, foram encontrados fatores genéticos (relacionados com a predisposição à hiperatividade); alterações hormonais que produzem níveis elevados de testosterona; disfunções e alterações do lóbulo pré-frontal que afetam a regulação das emoções e o condicionamento do medo; dificuldades no fluxo sanguíneo; níveis baixos de serotonina e muito altos de dopamina, que determinam em grande parte os comportamentos agressivos e a impulsividade. Enfim, para não complicar muito, você não é um caso simples para a neurociência, e é importante que saiba disso. Não obstante, a psiquiatria, a neurologia e a psicologia estão dispostas a ajudá-lo.

As causas ambientais giram ao redor das pautas do desenvolvimento infantil e têm a ver com estratégias educativas extremas, seja o castigo exagerado ou um "deixar estar" sem nenhum tipo de controle. Talvez você possa identificar em seu passado alguma delas. É possível que tenha estado submetido a negligência, indiferença ou hostilidade por parte dos seus pais. A ausência de uma figura de autoridade ou o fato de ter estado próximo de modelos delinquentes também poderiam ter colaborado para a formação do padrão antissocial. Para resumir: tudo isso pode ter criado em você a imagem de um mundo frio, perigoso, no qual devia sobreviver a qualquer custo. Era preciso bastar a si mesmo.

Não pretendo fazer uma análise complexa da sua situação porque não é o objetivo deste texto, mas gostaria de dizer que você poderia tentar viver melhor e sem machucar os demais. Vale a pena. A existência seria menos cruel para você e para os que o amam. E, talvez, só talvez, você consiga conferir ao seu companheiro um status diferente do que você lhe deu e descobrir que ele ou ela não é uma coisa, nem é supérfluo, nem é um objeto. Aqueles que o amam são pessoas com direitos e, se você viola esses direitos, a lei vai persegui-lo. Por sorte, as pessoas têm quem as defendam. É melhor ser amigo do que inimigo. E ainda que eu não acredite que você consiga entender perfeitamente, tenho a obrigação de fazer você saber disso.

PARTE VII

O ESTILO ESQUIZOIDE-ERMITÃO

O amor desvinculado ou indiferente

O pior pecado contra o próximo não consiste em odiá-lo, mas em olhá-lo com indiferença. Essa é a essência da humanidade.
BERNARD SHAW

A ternura é a paixão do repouso.
JOSEPH JOUBERT

Isolar-se afetivamente do companheiro é uma forma de agressão silenciosa. É a outra face do antiamor, tão ou mais destrutiva que o amor violento. Como permanecer impassível frente à inapetência do outro? A indiferença do esquizoide é um buraco negro interpessoal onde qualquer manifestação de afeto desaparece sem deixar rastro. Não há sedução, expressões carinhosas ou companheirismo, só o vazio afetivo e a necessidade de uma interdependência tão radical como impraticável. Algo se quebra na mente do esquizoide que não o permite captar a dimensão humana do outro. Ermitões do amor ou analfabetos afetivos, ninguém chega ao seu âmago, ninguém penetra na férrea territorialidade na qual estão enclausurados. O estilo esquizoide se afasta do fator humano e fica preso num gregarismo incipiente onde o amor não tem lugar.

O preocupante é que, mesmo que um número considerável desses indivíduos adote a solteirice como forma de vida, alguns deles, à procura de cuidados e de benefícios, se arriscam em estabelecer relações afetivas com pessoas que não têm ideia do que lhes aguarda. A via-crúcis começa quando descobrem que a pessoa por quem se apaixonaram mais se parece com um zumbi. O autoengano típico dos atingidos costuma ser: "Estamos juntos, nos amamos, mas por ora não pensamos em nos comprometer, estamos bem assim". Amor a meio mastro, se é que existe isso. Mas, por dentro, está se corroendo. A outra voz, a que não se escuta, formula as verdadeiras perguntas existenciais: "Será que não me ama?", "Ficarei para titia?" (os homens também ficam para titio).

Júlia era uma mulher de quarenta anos, apaixonada por um homem esquizoide-ermitão, com quem tinha uma relação havia quatorze anos. Ela morava sozinha e trabalhava como secretária executiva num escritório de arquitetura. Rodrigo, seu noivo, vivia com uma irmã mais velha e trabalhava numa sapataria e, mesmo que já estivesse rondando meio século de vida, nunca havia se casado. Ela chegou ao meu consultório porque manifestava o transtorno do pânico, que estava aumentando (percepção de não ter saída) e uma depressão moderada (sentimento de solidão e de desamor). Estava abatida e não via sentido na vida. Ao fim de várias sessões, o problema do casamento ficou evidente. Júlia queria ter um filho, e ele estava em outra. Ela sempre havia assumido o papel de noiva oficial, apesar de que, na intimidade, a coisa era bem diferente. Com paciência e compreensão, havia tentado lidar com a indecisão e a falta de comprometimento de Rodrigo, que era perito em se esquivar do assunto do possível casamento, ainda que não tomasse a decisão de deixá-la. Para a maioria dos sujeitos esquizoides, é cômodo ter alguém que se preocupe com eles e lhes dê suporte social, mas, claro, sem passar do limite que define a distância emocional. Por exemplo, Júlia somente havia estado três vezes no apartamento de Rodrigo, não sabia quanto ele ganhava, em que investia o dinheiro, nem que planos tinha para o futuro e não conhecia nenhum membro da família dele. Ainda assim, diante da sociedade e dos poucos amigos que tinham, se mostravam como um casal formal e estabelecido. Acredito que todo esquizoide acalente a inconfessável ilusão de achar alguém disposto a compartilhar seus respectivos buracos negros e a viver na mais frutífera apatia.

A base de operações girava ao redor do apartamento de Júlia, onde ele guardava algumas roupas para usar nos dias em que ficava lá, que não eram muitos. A primeira relação sexual aconteceu depois de quatro anos de namoro, e foi quando se descobriu que Rodrigo sofria de uma pronunciada impotência. Os outros encontros sexuais ocorreram com intervalos de três ou quatro meses, sempre com os mesmos inconvenientes e com uma ausência quase absoluta de erotismo. O panorama não poderia ser pior.

Muitas mulheres e muitos homens, vítimas de um amor desvinculado, esperam que em algum dia o seu parceiro "acorde" e recupere o amor que supostamente tem armazenado em algum lugar. No entanto, essa premissa não tem fundamento porque o desapego e o distanciamento do esquizoide não ocorrem como consequência de uma repressão ou um desconhecimento, mas pela simples incapacidade de processar e de codificar corretamente a informação afetiva. Não é uma escolha livre, como seria o celibato do religioso que age por vocação ou o isolamento do sábio que age por convicção: no esquizoide, há um forte elemento de incapacidade.

Reproduzo parte de uma conversa que tive com Júlia:

PACIENTE: A verdade é que estou cansada... Não pretendo ter um companheiro perfeito nem o grande homem, só quero uma relação normal. Alguém que me abrace às vezes, que se comprometa, que me dê amor. Ele nunca manifestou ternura, nem disse que me ama; não tenho intimidade afetiva nem sexual. Disse a ele de todas as formas, implorei, tento convencê-lo, tento mostrar a ele a importância que se abra para os sentimentos, mas é como se falasse com uma parede. Digo que depois de tantos anos já é hora de nos casarmos e formarmos uma família...

Terapeuta: E o que ele responde?

Paciente: Fica em silêncio, muda de assunto ou pede que eu não o pressione...

Terapeuta: Deve ser muito difícil, para você, amar alguém que não lhe corresponde como gostaria...

Paciente: Minha autoestima está no chão, tudo está desmoronando, cada dia mais...

Terapeuta: Então, por que segue com ele? Por que insiste em manter uma relação formal, se casar e ter filhos com alguém que não está interessado?

Paciente: Porque não perco a esperança... Sei que parece estupidez, mas é isso. Acho que algum dia ele se entregará à relação e, quando se comprometer de verdade, mudará a sua maneira de ser e perceberá o quanto me ama...

Terapeuta: E se ele não puder mudar de estilo afetivo? O que você faria? Seria capaz de deixá-lo e se dar outra oportunidade na vida? Não seria bom estabelecer um limite?

Paciente: Depois de quatorze anos, já ultrapassei o limite!

Terapeuta: Mas você sabe que existem coisas incompatíveis que são muito difíceis de conciliar. Só para apontar algumas delas: você quer uma família, e ele não quer saber de ter filhos, você é uma mulher sexualmente ativa, e ele é frio, você é afetuosa, e ele não... Ser realista às vezes dói, mas nos ajuda a abrir os olhos.

Paciente: Mas é que ele nunca me disse um "não" rotundo! Quando falo do assunto, evita a questão, mas nunca diz que não me ama...

Terapeuta: Não acha que o comportamento dele fala mais do que o seu silêncio?

PACIENTE: Não quero perdê-lo. Sei que dentro dele existe uma pessoa terna que ainda não aflorou. Devo seguir em frente...

Até que a morte os separe, seguir até o final do abismo sem mais armas que a obstinação de um amor distorcido. Ajudaria um "não" contundente de Rodrigo para que Júlia veja as coisas como são? Acho que sim. Mas isso implicaria que ele quisesse sair da relação e perder os benefícios de estar com ela, o que é bastante improvável. Reafirmei essa suposição em um encontro posterior que tive com ele. Minha pergunta foi à queima-roupa: "Por que você não a deixa viver a vida dela? Seja honesto com ela, não gere mais falsas esperanças. Se não pode amá-la de uma forma sadia, deixe-a ir...". A resposta dele foi bastante curta, mas sincera: "Não desejo nada de mau a ela, nem me incomoda estar com ela. Inclusive há coisas nela de que eu gosto, além disso, é uma boa companhia... Não sei mais o que lhe dizer...". Ela ainda está com Rodrigo, ainda luta para alcançar esse amor impossível, esperando ver luz no final do túnel.

A territorialidade impenetrável do ermitão afetivo

O esquizoide é um passivo-agressivo "superado", que resolveu o conflito a favor da autonomia. A sua estratégia principal é criar um território fechado, afetivo e físico, para evitar que as pessoas ultrapassem esse espaço de reserva pessoal e lhe tirem a mobilidade que deseja. Esse afã por liberdade fará com que qualquer tentativa de estabelecer um contato íntimo seja percebida como ameaçadora. Por isso, os companheiros dos esquizoides costumam se comportar como satélites que não conseguem chegar ao núcleo emocional do outro. Muitas das vítimas do estilo ermitão se conformam em rondar os muros afetivos da pessoa amada, tentando achar uma porta de entrada que os conecte, sem resultado.

A proposta do estilo esquizoide é inaceitável porque rompe a estrutura ética do amor ao desconsiderar a importância da *philia* (amizade) e da *ágape* (compaixão). Os seguintes esquemas mostram a complexidade dessa maneira de se relacionar: "Minha autonomia não é negociável" (*culto à liberdade*), "Não compreendo os seus sentimentos e as suas emoções" (*analfabetismo emocional*) e "Posso viver sem o seu amor" (*autossuficiência afetiva*).

Culto à liberdade: "Minha autonomia não é negociável"

Ninguém nega que a autonomia é um valor imprescindível para o crescimento psicológico e emocional. No entanto, uma coisa é a independência razoável e outra bem diferente é a dependência ao desapego. Poderíamos definir uma *dependência não saudável* (intensa, não moldada pela razão e que é executada de forma compulsiva em diversas situações, em que pese o custo psicológico) e uma *dependência saudável* (seletiva, flexível, construtiva e menos intensa do que a anterior), que ajuda a sobreviver. Uma criança pequena depende da mãe ou do pai, alguém que não sabe nadar precisa do que sabe para atravessar um rio, uma pessoa doente precisa de ajuda médica. Pretender ter todos os graus de autonomia à disposição, além de ingenuidade, é um sinal de arrogância. Ainda assim, o esquizoide procura na solidão um refúgio para a sua existência e faz com que a independência se transforme em isolamento, reclusão e incomunicação. Esse recolhimento estratégico responde a uma visão negativa que tem dos demais ("As pessoas são controladoras e invasivas") e à ideia de que o amor é uma forma de escravidão. Amar um esquizoide é como abraçar o vazio.

Uma boa analogia para compreender melhor a sua maneira de se comportar é a areia movediça: quanto mais amor der a um esquizoide, mais você afundará na solidão, porque mais ele se afastará de você. Para o sujeito ermitão, o compromisso afetivo prende e aliena. Um paciente com essas características me dizia com preocupação: "Não sei o que aconteceu comigo, mas acho que me apaixonei; vim aqui pedir que me ajude a me desapaixonar. Quero voltar a ser eu". Às vezes, quando as defesas falham, o vírus do amor tenta se infiltrar e os esquizoides se debatem num conflito de atração-repulsão. O isolamento sempre vence. Para eles, se apaixonar é estar acorrentado a um coração. O amor não lhes toca, se embrenha, e é preciso extirpá-lo pela raiz para não ser regado.

Qual seria o melhor parceiro para um esquizoide? Talvez outro esquizoide, ainda que seja provável que em pouco tempo ambos se entediem e procurem alguém menos escorregadio que os insira de vez em quando na vida real. Outra opção é o amor virtual, relações via internet, distantes, mas aparentemente próximas, não comprometidas e brincalhonas, nas quais a comunicação é gerenciada a milhões de anos luz, mesmo que as pessoas possam se ver por meio de uma câmera. É perfeito para um esquizoide autêntico: ninguém saberá quem é, nem onde mora, nem a sua história, nem os seus planos, nem nada. E pode mentir com tranquilidade sem ser olhado nos olhos e sem se delatar. Sexo virtual? Muito melhor, a masturbação é menos invasiva que o sexo a descoberto, para não falar do pós-coito acompanhado de carinhos.

Voyeurismo? Evidentemente. Para eles, é melhor olhar do que ser olhado, e invadir do que ser invadido. O mundo virtual afetivo é o complemento ideal de qualquer esquizoide-ermitão que deve trafegar por um mundo de humanos.

Analfabetismo emocional: "Não compreendo os seus sentimentos e as suas emoções"

Como já disse, os esquizoides sofrem de certo analfabetismo emocional e de falta de empatia. De forma mais concreta, eles têm dificuldade em ler o que o outro sente. Segundo o *Dicionário ideológico da língua espanhola*, a palavra empatia significa: "participação afetiva e emocional de um sujeito numa realidade alheia". Realidade alheia, ou seja, o outro, o diferente, o distante, que por simpatia ou amor se inclui e se aproxima de alguém. Aproximar-se do ponto de vista afetivo, é *pensar-se* mutuamente e *sentir-se*; se nenhum desses dois processos ocorre, não há vínculo afetivo.

A grande maioria dos esquizoides sofre de uma doença psicológica chamada alexitimia, que consiste na *incapacidade de processar informação emocional e/ou afetiva, própria e alheia.* Um paciente que não se sentia amado pela mulher me dizia: "Ela não consegue entender como me sinto. No começo, achei que era egoísmo, mas logo percebi que ela simplesmente não era capaz de se colocar no meu lugar. É insensível à minha dor e à minha alegria. Fiquei deprimido por um ano, tentei o suicídio duas vezes e ela nem ligou. Quando a recriminei por sua apatia, parecia não entender qual era o problema. Lembro que me disse: 'Depois de tudo, é normal que a gente se deprima, ou não?'. Nunca recebi apoio, nem uma única palavra de incentivo da parte dela. Estar com uma pessoa assim é estar só... Já não a amo. Não a odeio, mas não a amo...". Essa é a reação mais lógica de uma pessoa diante da insensibilidade sistemática e consistente do companheiro.

Talvez o amor desvinculado não seja amor em absoluto. Não sabemos com toda a segurança o que ocorre na mente de um sujeito esquizoide e se essa mistura difusa de sensações e percepções enredadas configura um padrão afetivo ou algo parecido com isso. De toda forma, não é consolo nem justificativa: a indiferença é uma tortura que mata em câmera lenta.

Autossuficiência afetiva: "Posso viver sem o seu amor"

É óbvio que as pessoas que sofrem de apego afetivo se encontram no polo oposto do estilo esquizoide. Os pensamentos característicos dos dependentes têm um forte conteúdo simbiótico: "Não sou capaz de viver sem você", "Você é tudo para mim" ou "Faria qualquer coisa que você me pedisse". Sob a influência do apego, o amor se transforma numa obsessão cujo único fim é "viver para o companheiro". Mas o outro extremo também é nocivo: a indiferença radical é profundamente destrutiva para alguém que espera ser amado ou amada. Não é o mesmo afirmar "Sofreria se perdesse você, mas ainda assim sobreviveria à sua ausência" e dizer, por exemplo, "Para mim, dá no mesmo estar com ou sem você".

Nos casais também existe uma luta pelo poder e pelo "poder afetivo", que normalmente é de quem precisa menos do outro. Se posso prescindir de você com maior facilidade do que você pode prescindir de mim, tenho uma vantagem. Como vai se utilizar esse poder é outra questão.

Pois bem: nisso de se demitir da relação, o esquizoide leva sem sombra de dúvida a dianteira – não implora por amor, pede muito pouco ou nada, não suplica, não sugere e não colabora para que a relação melhore. Numa consulta, escutei a seguinte conversa entre uma mulher, que evidentemente amava o companheiro, e o homem, que também dizia amá-la:

ELA: Quer que a nossa relação acabe?

ELE: Não, não... Não sei, mas se você quer isso, não posso obrigá-la...

ELA: Mas você sabe que o amo! Por que me diz isso?

ELE: (silêncio)

ELA: Por acaso não me ama?

ELE: Eu? Claro, sim, sim...

ELA: Mas então por que você está pedindo para nos distanciarmos?

ELE: Para a gente ser mais independente...

ELA: É que eu não me sinto presa, gosto de estar com você.

ELE: Eu também gosto, mas preciso de mais espaço...

ELA: Não entendo em que eu incomodo.

ELE: Eu também não sei com clareza...

ELA: Repito: quer terminar tudo?

ELE: O que você quiser para mim está bem, mas não quero obrigá-la a nada.

ELA: Então, se eu dissesse que não quero mais ver você, você aceitaria? Não tentaria me segurar?

ELE: Eu esperaria para ver o que acontece.

ELA: Mas você me ama ou não? Seja claro, por favor!

ELE: (silêncio)

ELA: (choro)

ELE: (silêncio)

Durante a consulta, não pude deixar de me identificar com a dor e a incerteza da mulher. Deixando de lado o apego de que ela padecia, acho que todos nós esperamos que o nosso companheiro, diante da possibilidade de a relação acabar, mostre ao menos uma mínima preocupação em nos perder. Não defendo os ciúmes nem o amor carrapato, mas a vontade de lutar por um amor que vale a pena manter vivo. Se a pessoa que você ama está disposta a prescindir de você com a maior tranquilidade, é provável que não o ame ou que você esteja com um esquizoide. Um amor inanimado, sonolento, impassível e sem entusiasmo levará você ao limite do desespero se não renunciar a tempo.

Por que nos envolvemos em uma relação esquizoide? A conquista como um desafio

As três características mostradas nos parágrafos anteriores arrasam a própria essência do amor interpessoal. No entanto, apesar da evidência, muitas pessoas se envolvem e terminam entrando no jogo do amor desvinculado. Talvez porque, no começo da relação, o sujeito esquizoide não se pareça em nada com um buraco negro e ninguém suspeite da sua incapacidade de dar e receber afeto. A impressão que costumam causar durante a conquista é de que são pessoas respeitosas e um pouco misteriosas, o que, sem dúvida, atrai os pretendentes. O disfarce é quase perfeito: a) "boas pessoas", porque enquanto não se sentem invadidas, não são agressivas; b) "respeitosas", porque o seu distanciamento é percebido inicialmente como tolerância e consideração; e c) "misteriosas", porque devido à sua fobia pela intromissão costumam ser muito reservadas no que diz respeito aos assuntos pessoais. Não é estranho, então, que com essas cartas sobre a mesa os interessados ou as interessadas sintam que estão diante de alguém que gostariam de conhecer melhor e decifrar.

Mas o que na verdade transforma o esquizoide em uma ameaça afetiva pública é que os seus "defeitos" só emergem quando o vírus do amor é disparado. Só quando se está apaixonado por alguém assim é que se pode sentir o rechaço em sua plenitude e a frieza do ermitão afetivo: esse é o cruel paradoxo. Tudo parece bem para nos jogarmos em campo, mas logo, ao pisar na arena, sem explicação, os touros surgem como por magia e investem contra nós. Quando saímos dali, os animais viram fumaça e, se entramos de novo na arena, voltam a surgir. Esta é a armadilha, este é o pesadelo: o amor está justamente no centro da arena.

Na minha experiência clínica detectei pelo menos dois esquemas que tornam as pessoas mais vulneráveis aos "encantos" esquizoides. As necessidades que advêm desses esquemas negativos são as seguintes: "Preciso de alguém que respeite o meu espaço" (*reserva pessoal/independência*) e "Preciso que a conquista seja uma meta" (*desafio como motivação*). Se você se reconhece em alguma dessas duas necessidades e o seu companheiro é uma pessoa esquizoide, é provável que você precise de ajuda.

Reserva pessoal/independência: "Preciso de alguém que respeite o meu espaço"

Cada vez mais pessoas assumem que uma boa relação é aquela em que cada um pode agir com liberdade. O medo de que nossa liberdade seja restringida cresce a cada dia num mundo globalizado e "ególatra". O lema

"Te amo, mas também me amo" está muito arraigado entre os jovens que já não veem o amor como escravidão ou sacrifício, mas como uma forma de intercâmbio democrático. Partindo da premissa anterior, surge a pergunta: que impressão o estilo esquizoide causará numa pessoa pós-moderna que ama a sua liberdade e a defende? É possível que se considere diante da sua alma gêmea e não perceba a verdadeira mensagem do esquizoide: "Não me meto no seu mundo privado para que você não se meta no meu".

"Como foi o seu encontro às cegas?", perguntei certa vez para uma mulher que fazia tratamento comigo. "Descobrimos que fomos feitos um para o outro", respondeu com um sorriso de orelha a orelha. Em seis meses (mais ou menos o período de incubação em que a toxina do estilo ermitão se instala no hóspede), descobriu que o seu novo amor era tão hermético como uma caixa-forte, e o encanto do mistério havia virado fumaça. Quando percebeu o que estava acontecendo, voltou ao consultório angustiada e muito confusa: "Não entendo! Ele diz que me ama, mas, quanto mais me aproximo, mais ele se distancia". Ela havia interpretado mal a mensagem do homem. A proposta não era "compartilhar autonomias", mas manter as distâncias. A areia movediça havia despontado, e a mulher estava, justamente, presa em cima dela.

Para que uma relação funcione bem, não é suficiente que respeitem o nosso espaço: também precisamos que nos amem alucinadamente, nos deem carinho e nos "invadam" de quando em quando com o consentimento do desejo.

Desafio como motivação: "Preciso que a conquista seja uma meta"

Vi este esquema funcionar primordialmente em mulheres que são seduzidas pelo desafio das conquistas difíceis (isso não significa que sejam histriônicas). A sua dinâmica é: os homens distantes, que não mostram interesse por elas ou que não fazem caso dos seus atrativos, se transformam de forma automática num desafio para a autoestima e a valorização pessoal. É como se autodeterminar. O pensamento que as move é sobretudo egocêntrico: "Como se atreve a não prestar atenção em mim!".

O esquizoide é perfeito para gerar esse tipo de motivação. Certa vez, perguntei a uma mulher por que ela seguia tentando com obstinação "conquistar os inconquistáveis". A resposta me fez lembrar algumas passagens da vida de Alexandre Magno: "A minha meta é derrubar as suas defesas e pegá-los... Ser a primeira a chegar aonde ninguém chegou. Não só acho emocionante, mas além disso a minha autoestima sobe e me sinto realizada". Transformar o amor numa cruzada não parece ser o caminho mais sensato para alcançar a felicidade a dois. Ao contrário, é como um esporte de alto risco. Há quem goste de se atirar de paraquedas, de participar de corridas quase suicidas, de navegar por correntes perigosas, de explorar cavernas abandonadas ou de saltar na água a partir de alturas temerárias, e há quem prefira seduzir esquizoides. Todos compartilham a mesma sensação dupla: adrenalina e autorrealização. O problema é que, diferentemente dos esportes radicais, a tarefa de amolecer um ermitão afetivo não tem limite, tempo nem distância definida. A tarefa pode durar toda a vida.

TERAPEUTA: O que você gosta no Júlio?

PACIENTE: É misterioso, quer e não quer... Nunca sei o que está pensando...

TERAPEUTA: Isso não é estressante?

PACIENTE: Sempre gostei de homens excêntricos, raros, caprichosos...

TERAPEUTA: Você não tem medo de se apaixonar por alguém que não consiga decifrar?

PACIENTE: Os enigmas me atraem; além do mais, quando o tiver a meus pés, ele abrirá o coração...

TERAPEUTA: Mas o mistério vai acabar e o enigma que tanto a provoca não existirá mais...

PACIENTE: Sim, senão seria esgotante... Com o amor chega a calma, tudo fica mais claro...

Ou mais confuso. O erro da minha paciente era acreditar que, uma vez "conquistado" o esquizoide, o homem se curaria por amor e o mistério finalmente se desvelaria graças a uma metamorfose afetiva. Cálculo ruim. O saudável não é se apaixonar por um hieróglifo ambulante, mas conhecer o companheiro no que é fundamental e ter um pacto transparente. As pessoas interessantes são as que contribuem, não as que se escondem.

Podemos nos relacionar de forma saudável com uma pessoa esquizoide?

A única maneira de estar bem com um sujeito esquizoide é se ele deixar de sê-lo. Muitos se resignam ao fato de que o companheiro seja uma pessoa solitária e pouco comunicativa, mas uma coisa é ser introvertido, o que é aceitável, e outra é fazer da insensibilidade uma forma de vida. Uma coisa é ser um pouco tímido e desanimado, e outra bem diferente é ser inabalável. Ninguém se acostuma com a alexitimia. Se não há capacidade de sentir e de expressar amor, vivê-lo, lê-lo e incorporá-lo ao dia a dia, não há relação; simples assim, cruel assim, triste assim.

Quando me perguntam como conviver afetivamente com alguém esquizoide-ermitão, minha resposta é simples: "Não é possível". E isso, que é evidente para muitos que padeceram ou padecem da indiferença do companheiro, não o é tanto para os otimistas do coração, porque insistem em modificar o imutável. Alguns acrescentam: "Significa que devo perder toda a esperança?". Eu respondo que a tenacidade nem sempre é uma virtude, especialmente se atenta contra a dignidade das pessoas. Haverá maior alívio que depor as armas quando descobrimos que a batalha não se justifica? Viver na indiferença e no abandono afetivo é ir contra a natureza humana.

Estratégias de sobrevivência afetiva

Diante do desespero de ter de lidar com alguém que não compreende nem processa o amor, os parceiros dos esquizoides costumam adotar duas posições. As pessoas que estão muito apaixonadas e temem um rompimento, num ato heroico, tentarão se solidarizar com o companheiro: "Se não posso fazer com que ele mude, eu é que me transformarei". Resultado? Um esquizoide autêntico e outro falsificado. A segunda alternativa é motivada mais pela impotência e pelo cansaço, o que levará a uma estratégia de fim de jogo: "Isto é o que espero da pessoa que estiver comigo; decida se quer continuar ou não". Vejamos cada uma das estratégias mencionadas.

Aceitar a indiferença como um modo de vida e tentar se transformar em um esquizoide
Esta metamorfose não se consegue com facilidade, porque não se torna um esquizoide quem quer, mas quem pode. Uma pessoa não vira ignorante pela força de vontade, e menos ainda na esfera emocional. De toda forma, os que decidem se transformar não fazem mais do que executar um papel superficial, pois no mais profundo seguem sonhando com um amor completo e saudável, mesmo que tentem dissimular esse fato. Conheci pessoas que assumem esse papel e, na aparência, se adaptam ao companheiro esquizoide; no entanto, nos momentos de folga, correm em busca de estímulo social, sexual ou interpessoal para preencher o vazio de uma solidão que o outro, de forma paradoxal, desfruta com total plenitude. O pensamento que justifica essa estratégia é: "Ao menos sigo na relação". Esta "imitação existencial", este nivelamento por baixo, mesmo que não seja total, cedo ou tarde produzirá uma alteração psicológica. Ninguém aguenta tanto.

Os comportamentos mais representativos desta atitude são:

- Tornar-se afetivamente indiferente ou distante (ou fingir sê-lo).
- Modificar, sublimar e/ou reprimir as necessidades sexuais (alguns abrem filiais).
- Ter espaços próprios bem delimitados e definidos.
- Refrear opiniões e expressões de afeto que poderiam incomodar o outro.
- Ter uma pobre ou inexistente vida social de casal.

- Acostumar-se a ir sozinho a quase todos os lugares.
- Fazer da solidão uma forma de vida.
- Não esperar nada do outro.
- Elevar os patamares da felicidade de tal forma que muito poucas coisas façam com que você a alcance.

Se a pessoa que você ama é esquizoide-ermitã, requer ajuda profissional – não há discussão. Mas se ela se nega a receber tal ajuda, em que pese a sua insistência, há três maneiras de ver as coisas: ela não lhe convém, não o ama ou é um carma. A estratégia de tentar se transformar em esquizoide tem implícita uma contradição essencial: por amor, você se nega a possibilidade de amar.

Não se deixar arrastar pela frieza afetiva e exigir um amor por inteiro

Mesmo que esta estratégia seja muito utilizada pelos parceiros de sujeitos esquizoides, o confronto, cedo ou tarde, levará a uma exigência amorosa sem sentido. Não se obriga ninguém a amar, como ocorre com o respeito. Reivindicar o direito a ser amado ou amada é esperar que o ermitão afetivo faça uma revolução interior e se torne alguém sociável, humanitário e terno, e que além disso nos ame loucamente. Pura utopia sentimental.

Se o esquizoide teme perder os benefícios que obtém por viver a dois, tentará fazer uma mudança superficial e se comportará "como se fosse normal", mas isso será apenas um estratagema. Um paciente ermitão, que parecia estar alcançando mudanças positivas com a terapia, me deixou surpreso quando confessou a causa da sua alegria: "Minha mulher vai sair de férias e eu ficarei só! Enfim vou poder ser eu por uns dias!". Um grande simulador, sem dúvidas.

Vejamos alguns comportamentos que definem esta atitude:

- Não renunciar às emoções e deixar claro que deve haver uma mudança na maneira de se relacionar.
- Não aceitar o isolamento extremo ou uma conduta distanciada. Determinar quais coisas farão juntos e quais não. Melhorar, portanto, a vida social.
- Exigir que haja mais compromisso, mais envolvimento na vida em comum, que seja sentida a participação ativa do outro.
- Deixar claro que, se não houver uma mudança na maneira de ele sentir, transmitir e compartilhar o amor, a relação não irá adiante.
- Melhorar as relações sexuais e o erotismo.
- Comunicar-se mais e melhor.

A lista poderia seguir, mas tudo apontaria para o mesmo: a necessidade de humanizar o outro para que, enfim, se entregue um pouco ao amor. Se você quer tentar de verdade, se pergunte sinceramente: tem suficiente afeto, vocação para a servidão e tolerância à frustração?

Até onde negociar?

Qualquer mudança que se tente fazer num esquizoide deve ser encabeçada por um profissional especialista em saúde mental. Alguém deve intervir para que o cérebro do ermitão afetivo se socialize em alguma medida. Apesar disso, a pergunta segue no ar: "O que negociar com um esquizoide para que o casal seja menos disfuncional?". Algumas intervenções são por si mesmas más ou prejudiciais e não admitem meio-termo. Como chegar a um acordo sobre a frieza? Que seja menos frio ou fria? Ou sobre a despreocupação e a indiferença: que seja menos indiferente? O ermitão afetivo deixa muito pouco espaço para chegar a um acerto digno.

É verdade, algumas pessoas que mostram ter um leve estilo esquizoide conseguem reduzir a sua territorialidade e modificar a ideia de que todos são invasivos. Também é certo que as suas fobias sociais diminuem e modificam a autopercepção de que são seres diferentes que não se encaixam no mundo. No entanto, os seus companheiros não costumam se satisfazer com essas mudanças, pois a essência do antiamor parece seguir ali como uma marca feita com fogo. Acredito que a melhora que alguns esquizoides conseguem os habilita para se desenvolverem melhor na sociedade, o que não significa que consigam estabelecer vínculos afetivos estreitos e saudáveis. De toda forma, você é quem decide.

Como reconhecer uma pessoa esquizoide antes de se apaixonar

Em princípio, é preciso suspeitar de qualquer um que se proteja demais com segredos e com atitudes defensivas exageradas. O esquizoide se limitará a ser formal e amável, mas evitará qualquer tipo de pergunta ou atitude que implique se comprometer emocionalmente com os demais. Os paranoides e alguns obsessivos também demonstram receio que os outros se intrometam nas suas vidas; porém, no esquizoide não aparecem o delírio de perseguição do paranoide nem a assepsia do perfeccionista.

A alexitimia não pode ser dissimulada com facilidade. A inexpressividade verbal e gestual, assim como a pouca vida interior que os caracteriza não passarão despercebidas. Seu discurso vai ser monótono e carente de energia, parecido com o que ocorre com o passivo-agressivo. Terá muito poucos amigos e você vai notar que ele é indiferente à opinião dos demais, assim como à dor e à alegria alheia.

Mas onde o estilo esquizoide se faz mais evidente é quando se depara com temas como o amor, a amizade, a paixão, as fantasias e a compaixão. Ou seja, as questões em que o fator humano e a sensibilidade ganham mais força. Em poucos encontros, o efeito atração-repulsão será inevitável: quanto mais você se aproximar dele ou dela, mais se afastará; quanto mais amável você for, mais distante será o comportamento dele ou dela. E, rapidamente, você estará brincando de gato e rato.

Algumas das seguintes pautas poderão servir como guia:

- Suas respostas emocionais tenderão a ser planas e pouco expressivas.
- Não desfrutará muito das relações íntimas. Vai aceitá-las a contragosto, sempre e quando não houver compromisso.
- Você sentirá que deve tomar a iniciativa quase sempre em relação a tudo, mas a sua negligência não será motivada por intenções subversivas, como no caso do passivo-agressivo. Simplesmente, "dará no mesmo" para ele, pois nada o deixa entusiasmado.

- Será uma pessoa solitária, com poucos amigos e terá uma história afetiva muito pobre.
- Quando você perguntar das suas expectativas ou dos seus sonhos, perceberá que as suas metas e a sua vida interior são pobres. Pecará por um realismo cru, como se as suas fantasias não pudessem ir mais além do concreto.
- Vai lhe dar a impressão de estar diante de uma pessoa imune às críticas ou aos elogios dos demais.
- Se você falar de amor, ele ou ela evitará se envolver na conversa. O incômodo ficará evidente.

O estilo esquizoide, juntamente com o antissocial, representa a máxima expressão da indiferença: uma passiva, a outra ativa. Mas enquanto o antissocial tentará seduzir com uma atitude encrenqueira para logo usar você, o ermitão procurará relações circunstanciais que não lhe solicitem esforço afetivo. O estilo esquizoide não dá nem recebe, apenas se basta a si mesmo.

Quando você é a pessoa esquizoide-ermitã. Algumas considerações

Não arraste os demais para o seu mundo. Sei que você precisa ter um apoio para enfrentar a sociedade à qual pertence, mesmo que não goste, mas, para isso, não precisa fazer ninguém se apaixonar por você. Por que não confessa ao seu parceiro as suas "verdadeiras intenções"? Para você, seria um alívio, já que tiraria dos ombros a "perseguição" e a intromissão que tanto o preocupam. Faça o seu próprio balanço de custo/benefício e verá que tenho razão. Libere o seu parceiro da esperança e deixe-o ir. Talvez encontre alguém parecido com você e que goste da solidão tanto quanto você.

Se revisar a sua história pessoal, é possível que tenha sido criado em uma atmosfera familiar demasiado formal, rígida e reservada, que provocou em você uma distância afetiva com as pessoas, uma maneira desvinculada de se relacionar. Refiro-me mais a uma família afetivamente fria e distante, com problemas de comunicação. Tampouco é preciso descartar aspectos biológicos e hereditários na formação da sua maneira de amar, se é que podemos chamar assim. Como disse antes, a ajuda profissional no seu caso é imprescindível. Deixe que ao menos um terapeuta entre no seu território.

Concordo com você que as pessoas têm o direito de serem ermitãs e de irem viver numa caverna perdida na montanha. Querer estar sozinho é uma opção de vida respeitável; o que é difícil de aceitar é que você arraste junto outra pessoa, prometendo um amor que não é capaz de dar nem de receber. Autonomia e amor não são incompatíveis. Aceito que muitas pessoas são demandantes, absorventes ou emocionalmente dependentes, mas você exagera quando generaliza essas características para todo mundo. O que lhe falta? Ternura, sensibilidade, vida interior. Fromm dizia: "O amor é uma força própria do ser humano, mediante a qual se coloca em relação com o mundo e faz deste o seu mundo". E não se referia a um amor bobalhão, incompleto ou tóxico, mas a um amor autêntico, repleto de desejo, amizade e compaixão. Quais são as palavras-chave que o descrevem? Isolamento e indiferença.

PARTE VIII

ESTILO LIMÍTROFE-INSTÁVEL

O amor caótico

Não faça com o amor o que a criança faz com a sua bola:
quando a tem, joga, e quando a perde, chora.
SANTO AGOSTINHO

UMA PESSOA COM ESSAS características será impulsiva, emocionalmente instável, paradoxal, caprichosa, insegura, autodestrutiva e com tendência a ter vícios, entre outras condutas disfuncionais. Seu temperamento será imprevisível e explosivo – um coquetel de sensações e de emoções fora de controle em que o amor será cada dia mais caótico e desesperador. Quem cruzar a linha, ignorando os sinais de perigo, sairá machucado. Se os esquizoides são buracos negros, as pessoas limítrofes são a supernova (segundo a definição de um reconhecido dicionário, a palavra "supernova" significa "etapa final explosiva da vida de uma estrela").

Alberto namorava havia quatro anos uma mulher limítrofe. Quando chegou ao meu consultório, descreveu assim o motivo da sua consulta: "Não entendo por que me apaixonei por ela, havendo tantas mulheres... O mais cruel é que não consigo abandoná-la. Eu a amo, apesar dos ataques de ira, dos altos e baixos, dos ciúmes e de um alcoolismo que ela não quer tratar. Ela rompeu a relação pelo menos seis vezes em um ano e depois me chamou para pedir perdão. É muito contraditória: parece independente, mas é dependente; ela me ama e logo me odeia; é terna às vezes e depois se torna violenta, tudo ao mesmo tempo! É realmente intratável. Inclusive chegou a atentar contra a própria vida. Uma vez tivemos uma forte discussão e ela me telefonou às quatro da manhã para dizer que tinha tomado umas pílulas. Mal pude reconhecer a voz dela pedindo ajuda. Saí correndo para o apartamento dela e a encontrei com o rosto desfigurado e câimbras nas mãos. Fiquei muito impressionado. Chamei uma ambulância e fui com ela ao hospital. Outra vez, estávamos na praia e, porque olhei outra mulher, entrou no mar e tentou se afogar, dizendo que, se Alfonsina Storni havia feito isso, ela também poderia. Não sei o que fazer". Tempos depois, tive a oportunidade de conhecer Patrícia, esse era o nome dela, e trabalhei com ela alguns meses até que foi morar em Londres, depois de romper pela enésima vez com o seu atribulado namorado.

Resumo a seguir uma parte da primeira entrevista que tive com ela, em que pude apreciar o essencial do estilo limítrofe-instável:

PATRÍCIA: Sei que algo não anda bem comigo, mas sempre foi assim... Nem sei o que estou fazendo aqui, não acredito em psicólogos, deveria ir embora!

TERAPEUTA: Você já tinha pedido ajuda antes?

PATRÍCIA: Uma ou duas vezes. Quando era adolescente, tentei o suicídio. Ficou impressionado, não é? Aposto que nunca pensou que eu lhe diria isso com tanta leveza. As pessoas escondem essas coisas, mas desde que li o *Tractatus logico-philosophicus*, de Wittgeinstein, entendi muitas coisas... O senhor já leu esse livro?

TERAPEUTA: Eu tentei, mas fiquei entediado...

PATRÍCIA: O senhor é adorável! Pode-se ver que é terno! É casado?

TERAPEUTA: Sim.

PATRÍCIA: A sua esposa deve ser feliz...

TERAPEUTA: Fale de você, como está afetivamente com Alberto?

PATRÍCIA: Amo ele do fundo do coração, mesmo que eu não saiba se nasci para uma relação estável...

TERAPEUTA: No entanto, você o apresentou aos seus pais, e eles deram a vocês a entrada para um apartamento. Dá a entender que é uma relação séria...

PATRÍCIA: Adoro ter namorado! Não sirvo para ficar sozinha. O que acontece é que ele não me dá segurança...

TERAPEUTA: A que tipo de segurança você se refere?

PATRÍCIA: Não acho que ele me ame.

TERAPEUTA: Deixe-me ver... Você me disse que não nasceu para a vida a dois e depois que não sabe estar sozinha. Entendi bem?

PATRÍCIA: Sim, há momentos em que penso uma coisa, mas logo penso outra...

TERAPEUTA: Não acha que essas flutuações atrapalham a relação e a estabilidade psicológica de ambos?

PATRÍCIA: Parece que o senhor está defendendo ele.

TERAPEUTA: Não, só estou tentando fazer com que vocês formem um bom casal.

PATRÍCIA (levantando-se da cadeira e caminhando em círculos pelo consultório): Então, ensine-o como ser um verdadeiro homem!

TERAPEUTA: Por que você acha que ele não é?

PATRÍCIA (batendo na cadeira): Ele não me ama, não me ama, não me ama!

TERAPEUTA: Eu acho que sim, que ele gosta muito de você.

PATRÍCIA: Eu disse que ele "não me ama", não que não "gosta" de mim. O senhor deve saber a diferença... (Ela senta novamente e sorri.) Acha mesmo que ele me ama?

TERAPEUTA: E você, de verdade, no que acredita?

PATRÍCIA: Não sei... (chora) Sempre tudo foi mal! Tudo é tão difícil! Não sei o que quero da vida!

TERAPEUTA: Proponho que a gente aprofunde esse último ponto, que tal?

PATRÍCIA (rindo): O senhor é um amor!

Poucos dias depois da viagem de Patrícia, Alberto chegou ao meu consultório parecendo outro homem. Havia vindo para se despedir: "Acho que todos os meus problemas terminaram. Sem ela, voltei a viver e, por agora, não quero ter nada com ninguém". Os sintomas de stress associados a todo o processo afetivo tinham desaparecido por completo.

No fio da navalha

Amor sobre brasas, no limiar entre a angústia e a loucura. Amor de alto risco, imprevisível e surpreendente, que faz você se sentir incapaz ou ignorante. Os companheiros das pessoas limítrofes descrevem a situação como viver no fio da navalha, porque qualquer tentativa de melhorar a relação parece piorá-la. Reconheço que o "assombro" e a surpresa ajudam os casais a funcionarem melhor, já que ver a pessoa amada por inteiro pode se tornar chato, mas, de toda forma, uma relação saudável precisa de uma estabilidade mínima que permita antecipar o comportamento do outro, compreender os seus sinais, ler as suas necessidades e saber com quem estamos. Infelizmente, tal estabilidade é impossível de ser alcançada com a personalidade limítrofe, já que os seus estados internos são tão mutáveis como inexplicáveis. Para ser mais explícito: se alguma vez você tentar descrever o seu companheiro e não tiver palavras nem ideias claras sobre quem é e como é, talvez você esteja com um indivíduo limítrofe.

As palavras-chave desse estilo são: indefinição e instabilidade. Quanto mais você se apaixonar, mais confuso ficará; quanto mais se entregar, mais sentirá que está brincando com fogo. Vai se enredar num emaranhado de sentimentos opostos e comportamentos contraditórios dos quais não poderá sair facilmente. Hoje você é amado com loucura e amanhã não vão nem olhá-lo; hoje compartilharão com você projetos de vida e, amanhã, nada; hoje terão pânico de ser abandonados e amanhã pedirão que você vá embora. Em um lapso de 24 horas, qualquer coisa pode acontecer.

Aqueles que, apesar de tudo, decidem se envolver com um estilo limítrofe-instável deverão enfrentar, pelo menos, os seguintes esquemas doentios: "Não sei o que sou nem o que quero" (*identidade fragmentada*), "Não posso viver contigo nem sem ti" (*abandono/desconfiança*) e "Amo e odeio você" (*instabilidade emocional*). Talvez agora o leitor possa entender melhor o porquê da analogia com a supernova afetiva.

Identidade fragmentada: "Não sei quem sou nem o que quero"

Uma identidade sólida e bem organizada implica uma definição madura do "eu", um sentido de quem somos, aonde nos dirigimos na vida e como nos encaixamos na sociedade. Sem essas condições é impossível conquistar um amor maduro. Ao contrário, a crise de identidade gera uma profunda confusão sobre os papéis presentes e futuros que se devem assumir na vida. Essa indefinição acarreta um amor desorientado e com medo da solidão. De fato, quando estamos "sós", o "eu" se reconhece e se revisa. Nesse momento, o diálogo interior fica mais forte, assim como a autoavaliação e o autoconhecimento. Mas, para uma pessoa limítrofe-instável, essa experiência de estar cara a cara consigo mesma pode ser especialmente aterradora. A solidão representa para elas estar diante do mais profundo vazio existencial.

Quando alguém nos ama e nos sentimos merecedores, esse amor se refrata em nós, o tomamos, o incorporamos ao que somos sem problemas. Mas, se não há autoestima suficiente ou não temos um "eu" bem estruturado, essa informação afetiva não será processada adequadamente: pensaremos que o amor que nos professam é duvidoso e pouco crível. Um bom receptor afetivo, alguém que se ama, se apropria do amor que lhe entregam e o devolve com juros.

Os problemas de identidade vêm junto com a baixa autoestima. Lembro de uma mulher, muito insegura, que se envergonhava quando um homem a cortejava porque pensava que se chegassem a conhecê-la de verdade descobririam que era um pessoa que valia pouco. Não se sentia merecedora de afeto. A sua frase preferida era: "Sou uma fraude". Em outro caso, encarregado de uma terapia de grupo com pessoas que não amavam a si mesmas, pedi para que respondessem por escrito a seguinte pergunta: "Quem sou eu?". O exercício produziu certo incômodo na maioria delas, mas uma das participantes sentiu-se especialmente aturdida. "Quem sou eu? Que pergunta! Nunca tinha pensado nisso", disse com preocupação. Uns minutos depois, entregou um papel que dizia em letras garrafais: "Sou a mulher do meu marido".

Cabe a pergunta: como viver com uma pessoa que não se conhece a si mesma ou carece de amor próprio? Se o amor é uma troca de alegres fantasias bem harmonizadas, aqui a correspondência será nula, pois haverá alguém que terá muito pouco ou nada para contribuir com a troca.

Abandono/desconfiança: "Não posso viver contigo nem sem ti"

Os problemas de identidade que indiquei acarretam inevitavelmente um profundo medo da solidão e do abandono. No entanto, no caso do estilo afetivo limítrofe, esse abandono está relacionado, de forma paradoxal, com o medo da intimidade – "Quero estar com você, mas não acredito em você" –; medo de se apaixonar e ansiedade por se separar, tudo no mesmo saco. Um verso do folclore argentino, *Requiebro de amor*, resume esse conflito de atração-repulsão: "Nem contigo nem sem ti, os meus males têm remédio; contigo porque me matas, e sem ti porque eu morro". Duas angústias afetivas entrelaçadas que se alimentam mutuamente: temor de amar, pois você me deixará, e de deixá-lo, porque amo você. Então a intimidade, que deveria ser fonte de prazer, se transforma em uma aflição antecipada. O esquizoide resolve o medo da intimidade se afastando, o dependente soluciona a sua fobia da solidão se apegando ao outro, mas o limítrofe fica suspenso na contradição, flutuando de um extremo ao outro sem encontrar nenhuma solução concreta para o seu problema. Dito de outra forma, o fracasso do estilo limítrofe-instável consiste em querer manter uma relação de dependência sem ter os recursos para alcançá-la. É como se alguém tivesse sede e não pudesse abrir uma garrafa de água nem quebrá-la para tomar o seu conteúdo. Nesse contexto, o amor se transforma numa carga ao mesmo tempo odiada e desejada.

Nesse paradoxo do amor caótico se misturam três esquemas disfuncionais que operam simultaneamente: "Sou fraca e vulnerável" (*dependência/incompetência*), "As pessoas são más e perigosas" (*desconfiança/abuso*), e "Sou uma fraude" (*fracasso/baixa autoestima*). Por onde começar? Não é de se estranhar que uma das preocupações mais comuns dos parceiros dessas pessoas seja: "Com que personalidade terei de lidar hoje?". Certa vez, perguntei a um paciente casado com uma mulher limítrofe como ia a relação. O homem me respondeu com uma dose de humor negro: "Nestes quinze dias, excepcionalmente, está em campo a mulher dependente e terna, por isso estamos bem... Vamos ver quem vai aparecer na semana que vem".

O círculo vicioso interpessoal no qual se movimentam as pessoas limítrofe-instáveis é bastante tortuoso. Vejamos como é a sequência típica:

- O medo de não ser amado ou de ser abandonado faz com que essas pessoas recorram a um padrão de relação submisso.
- A estratégia de submissão preferida é a do "martírio virtuoso". Mostram-se abnegadas e sacrificadas pelo companheiro, aparentemente sem esperar nada em troca, quando na realidade querem se proteger de uma possível separação.
- Devido ao fato de que os seus companheiros nunca conseguem alcançar o nível requerido para se sentirem totalmente seguras, a frustração fará com que sejam disparados comportamentos impulsivos de ira, agressão e/ou autoflagelo.
- Por causa disso, o parceiro se afastará, o que será interpretado pela pessoa limítrofe como uma confirmação de que não é querida.

O círculo perfeito para afundar repetidas vezes no vazio afetivo/existencial. Quem pode lhes dar os limites?

Instabilidade emocional: "Te amo e te odeio"

Uma das principais causas psicológicas da irregularidade emocional é o pensamento dicotômico ou o pensamento em preto ou branco. A visão do estilo limítrofe se move entre polaridades: tudo ou nada, bom ou mau, êxito ou fracasso. A interpretação extrema dos fatos que poderiam ser considerados como intermediários produz respostas emocionais dispersas e que parecem ser caprichosas. Lembro de uma paciente cujos estados de ânimo se moviam ao compasso da sua memória. Quando lembrava aspectos positivos do seu companheiro, seu pensamento a levava a se comportar de forma carinhosa ("É um amor de pessoa") e, quando recuperava uma informação negativa, o pensamento a empurrava ao extremo do rechaço ("É um ser detestável"). Obviamente, para o homem, era impossível prever essas mudanças de atitude porque dependiam de um processamento interno sobre o qual nem ele nem ela tinham controle.

Em outro exemplo, um homem de estilo limítrofe oscilava constantemente entre a ideia do fracasso e do êxito e, de acordo com essas ideias, havia ocasiões em que estava mais ou menos irritável com a sua parceira. Se o pensamento era: "Não sirvo para nada", rechaçava qualquer aproximação afetiva porque não se sentia merecedor de afeto. Mas se, ao contrário, pensava que era um super-homem destinado a fazer grandes coisas, fazia pleno uso de seu "direito a ser amado". Dignidade oscilante, indecisa, movida pelo acaso. A esposa, ao começar o dia, se perguntava: "Com que pensamento ele terá se acordado hoje?". Mas, ainda que pudéssemos antecipar essa informação, teríamos assim mesmo de resolver como lidar com esse mundo afetivo mutante. Por acaso a mulher deveria se adaptar aos saltos emocionais com paciência? Ou deveria se salvar e evitar ser arrastada no turbilhão?

Certa ocasião, um homem de idade avançada fez o seguinte comentário: "O psiquiatra disse que minha mulher é bipolar, sofre de transtorno personalidade limítrofe e que devo ter paciência... Mas como?! Não faço nada se a vejo consumindo drogas ou vestindo os netos de forma escandalosa? Não consigo estar bem com ela e ter relações sexuais quando, meia hora antes, me diz que sou o pior dos homens e que deseja se separar... Simplesmente esqueço de tudo?".

Por que nos envolvemos em uma relação limítrofe-instável? O encanto do paradoxo

Espírito masoquista, aborrecimento crônico, paixão patológica, enfim, a energia das pessoas com estilo instável pode agradar os que buscam emoções fortes. Essa é a razão pela qual os sujeitos antissociais são os que mais se acomodam às redes de alta tensão do estilo limítrofe-instável. O fator de concordância está no fato de que a força desordenada da relação não afeta os sujeitos antissociais; ao contrário, os diverte. Ao não haver compaixão ou *ágape*, o amor caótico se transforma para eles numa caixa de surpresas interessante e variada.

As pessoas com um estilo limítrofe-instável podem ser muito atraentes quando se conectam ao lado estável da sua personalidade. A energia que emanam, o bom humor, a inteligência e a liberdade de seus comportamentos seduz muita gente. Lembro que na minha juventude conheci uma bela moça por quem me senti muito atraído, entre outras coisas, devido a uma afinidade literária. Uma coincidência me deixou muito envolvido. Na época, estava lendo o poeta italiano Giuseppe Ungaretti e ela, de repente, começou a recitar os poemas num italiano impecável. Foi suficiente e fulminante. Mas havia mais. A forma como ela se vestia era totalmente pessoal, não seguia modas, e era livre. A sua risada era contagiante e o olhar mostrava certa malícia que ia sempre além do evidente. Além disso, se envolvia com emoção em tudo o que fazia, a sua paixão era como um fogo que obviamente me prendeu. No entanto, em poucas semanas, começaram a parecer uma série de comportamentos incompreensíveis para mim (autoagressões, infidelidades, crises de identidade, consumo de drogas). A exigência e a complicação foram crescendo dia após dia porque os problemas surgiam um atrás do outro como uma avalanche impossível de evitar. A sensação que me acompanhava era de total impotência: para cada solução, apareciam três ou quatro problemas inesperados. Esta turbulência afetiva não me empurrava para fora, mas para o próprio centro da patologia, e, quando pensava que já não iria suportar tanta agitação e preocupação, não sei de onde meu organismo tirava forças para seguir. Depois de tantos anos, sigo pensando de forma positiva naquilo que me atraiu, mas também tenho claro que, por saber o que me esperava, teria sacrificado esses prazeres em troca de não ter de suportar os custos.

Quando as pessoas limítrofes se tranquilizam por momentos ou dias, os seus companheiros criam a ilusão de que o "lado ruim" desaparecerá e será substituído espontaneamente pelo "lado bom". Pura esperança sem fundamento. A dissociação psicológica e afetiva do amor caótico *sempre precisa de ajuda profissional.*

Podemos nos relacionar de forma saudável com uma pessoa limítrofe?

Com a devida terapia, talvez diminuam as explosões emocionais e o tornado se torne uma tempestade tropical mais governável. Não haverá um *tsunami* devastador, mas inundações. Cada um decide até onde irá aguentar. Insisto num ponto: ainda que a ajuda psicológica e/ou psiquiátrica permita, em parte, reacomodar a mente da personalidade limítrofe, nas relações afetivas é onde menos se verá o impacto porque esse é o seu calcanhar de Aquiles. É na intimidade que mais afloram os seus verdadeiros problemas.

Se amar de forma saudável significa se relacionar com o menor sofrimento e patologia possíveis, é claro que não sou muito otimista com o estilo limítrofe-instável. Casos leves? Alguns poderiam ser menos insuportáveis, mas depende do que cada um espera de uma relação a dois. Como vimos na introdução, se a concepção que temos do amor é a de sacrifício a qualquer preço, manter uma relação com uma pessoa limítrofe-instável seria a resposta natural para um amor incondicional. Uma versão diferente, na qual se equilibrasse o "ser para si mesmo" e o "ser para o outro", sem dúvida exigiria uma relação menos prejudicial. Cada um decide.

Como reconhecer uma pessoa limítrofe antes de se apaixonar

Não acho que seja preciso desenvolver habilidades especiais para identificar este estilo. No começo, será uma experiência avassaladora, como a que se tem com uma pessoa histriônica, mas multiplicada por dez e com menos recato. A personalidade limítrofe não tentará esconder a sua maneira de ser; pelo contrário, vai se mostrar aberta e descarada. É possível que rapidamente sejam detectadas as flutuações emocionais, a necessidade de agradar e alguns comportamentos paradoxais e contraditórios. De forma diferente do sujeito histriônico, a pessoa limítrofe procura o sexo e as experiências fortes, assim como companheiros ou companheiras que embarquem na onda delas. Você estará diante de uma mistura de sedução, de extravagância, de emoção transbordante e de uma sinceridade que, sem dúvida, vai lhe causar impacto. É provável que um espírito contestador venha à tona em momentos inesperados e ele ou ela comece a contradizê-lo sem razão aparente. Também poderá sentir certa tentativa de manipulação quando você falar de assuntos afetivos, no sentido de querer chamar a atenção e tê-lo sob controle.

Para resumir: o estilo afetivo limítrofe-instável é impossível de esconder. Se você conhece os seus traços principais, será fácil reconhecê-lo. Só precisará sentar para conversar e a supernova começará a soltar fogos de artifício.

Quando você é a pessoa limítrofe-instável. Algumas considerações

Compreendo como você se sente. Para você, a vida parece um caos existencial indecifrável. A experiência da solidão pode ser aterradora quando não há um "eu" que se responsabilize, não sei quem sou e não tenho metas. Percebeu que a sua maneira de lidar com as emoções é insuficiente e inadequada, e que a ambivalência em que você se encontra o leva a ferir os sentimentos das pessoas que você diz amar e a machucar a si mesmo? Todos são afetados. Se você se observar com cuidado, descobrirá que, a longo prazo, você é que cava o buraco em que está: por exemplo, quando termina uma relação que vai bem, sem ter claros os motivos, ou quando ataca as próprias conquistas em várias áreas por querer se autocastigar. Por que ter tanto medo do abandono? Porque você não se ama o suficiente. Por que tanto medo da intimidade? Porque você antecipa o abandono. É evidente que as suas estratégias para reter o amor não são as mais adequadas. Manipular, chantagear e ameaçar produz exatamente o efeito contrário. Você já deve ter sentido isso na própria carne.

Definir um "eu" sólido, concretizar metas claras, aprender a regrar as emoções extremas e resolver o conflito diante do desamor são alguns problemas que você deve solucionar para alcançar uma vida afetiva com relativa "normalidade". Como é evidente, precisará de ajuda profissional, psicológica e psiquiátrica. A ciência descobre cada dia mais possibilidades de tratamento para o seu caso, por isso é bom manter um otimismo moderado.

Por que você é assim? Os motivos podem ser múltiplos. O estilo limítrofe-instável não tem apenas uma causa que o explique, mas um pacote complexo de variáveis. Se você examinar o seu passado, é muito provável que encontre problemas afetivos na sua infância ou pais altamente conflitados, distantes ou que não tiveram um compromisso afetivo com você. Também é importante levar em consideração que de setenta a oitenta por cento das pessoas limítrofes sofreram abuso sexual ou físico. Se você olhar para trás, talvez encontre algumas alterações, mas tenha em conta que o passado não o condena de forma radical; talvez restrinja ou complique o seu crescimento psicológico, mas pode ser reestruturado em muitos aspectos. Da mesma forma, é provável que existam variáveis herdadas, predisposições genéticas ou desequilíbrios bioquímicos que influenciam a sua maneira de ser.

O que fazer com o seu companheiro ou a sua companheira? Não o faça sofrer. Que esse seja o seu compromisso. Abrir-se para o amor do seu par vai lhe trazer alívio; confiar nele diminuirá o seu conflito de atração-repulsão. Não há motivo para envolver a pessoa que mais ama em seu problema. Que ela ajude você, se quiser, mas não a afunde com você na sua tentativa. Não faça da sua relação uma desculpa para machucar e se machucar. O amor não foi feito para isso.

Epílogo

O amor saudável: valores e antivalores

O amor saudável é um amor apoiado na dignidade humana, na convicção de que uma boa relação favorece o desenvolvimento do potencial humano e o reafirma. O amor saudável nasce de um sentimento apreciado e vital, que não se corrompe com facilidade. É fonte de alegria e de ternura, é desejo, admiração e companhia. Não é um amor perfeito, mas sim valorizado e estimado, sem pretensões celestiais nem astrais. Amor tão terreno como justo. Amor bem calculado, sem desvalorizações, cotado na justa medida, próximo, precioso, respeitado, mas não indestrutível.

Infelizmente, esse amor vivaz e alegre desmorona sob o peso da irracionalidade de certas formas de amar. Nenhum amor humano é todo-poderoso. Os estilos afetivos que vimos encerram de forma implícita um conjunto de antivalores que se opõe ao desenvolvimento normal do afeto, em qualquer das suas dimensões. Uma meta preventiva e/ou de reconstrução teria como objetivo substituir esses valores negativos por aqueles positivos, afins a uma boa convivência amorosa em que o desejo, a amizade e a sensibilidade (*eris*, *philia* e *ágape*) estejam presentes.

O amor saudável não é um amor completo e definitivo de uma vez por todas; ao contrário, se trata de uma orientação que permite nos reinventarmos junto à pessoa amada. É uma bela mistura de razão e emoção a serviço de uma vida aprazível a dois.

Repassemos o núcleo negativo dos estilos afetivos disfuncionais analisados no texto e vejamos as qualidades ou os valores ausentes em cada caso:

1. O caráter torturante e exibicionista do sujeito histriônico se opõe ao valor da **simplicidade**. Um amor espontâneo e fluido, que se mostra como é, sem adornos desnecessários nem exuberâncias, se aceita e se aproveita melhor. A simplicidade não procura chamar a atenção, somente *é*, acontece e chega de forma natural ao coração do outro. Isso não implica que devamos eliminar a imaginação e os complementos que costumam acompanhar os jogos eróticos ou o desejo de gostar em geral. Falo de não criar fixação pelos "acessórios" e que o outro continue sendo um doce, mesmo que não esteja na nossa mão. O galanteio é um tempero, um meio, mas não um fim em si mesmo. Cada um encontrará uma maneira de jogar os seus papéis de sedução de tal forma que a fantasia seja uma desculpa para descobrir e se encantar pelo outro. O ponto não está no que se faz, mas em como se faz. Ainda que a arte de seduzir seja parte da condição natural e imprescindível do amor, é melhor quando se mostra como um presente que chega de surpresa. A paixão começa a decair quando a pessoa amada fica previsível.
2. A desconfiança do sujeito paranoide rompe talvez com a única certeza que podemos esperar do amor: a **confiança básica**. Saber que a pessoa amada nunca vai lhe machucar intencionalmente é a segurança que surge de amar o amigo e não o inimigo. O estilo paranoide nos ensina que um

amor cheio de suspeita se transforma em uma tortura. Não há saída para um amor suspeito. Miguel de Unamuno dizia: "A sua desconfiança me inquieta e o seu silêncio me ofende". Se o seu parceiro não acredita em você, você estará flutuando entre a perseguição e o dedo acusador: cárcere e julgamento.

A prevenção se deleita no engano antecipado porque carece de um valor extra: **a boa-fé**, que consiste em poder acreditar em alguém simplesmente porque é crível, por senti-lo honesto, leal, próximo como os iguais, cúmplice, sócio ou amante solidário. O que se opõe à paranoia? Amar o amigo, contar segredos como se contam ovelhas, derrubar as muralhas da suspeita e diminuir os espaços até onde o carinho permitir.

3. As estratégias subversivas do sujeito passivo-agressivo mostram um conflito com a autoridade e a incapacidade de estabelecer uma forma adequada de defender a autonomia, isto é, sem recorrer à sabotagem e ao terrorismo psicológico. A falta de franqueza emocional se contrapõe ao valor da **assertividade**, que consiste na capacidade de expressar sentimentos negativos de uma forma socialmente aceitável. Dizer "não" de maneira amável, pedir algo com carinho e definir um limite com respeito não configuram agressões, não há direitos violados, nem imposições, nem abuso de poder, apenas sinceridade. Sem o valor da **honestidade emocional**, da franqueza que surge do amor maduro, não há relação que aguente. Um vínculo bem constituído não proíbe a discrepância, não censura as diferenças, não teme as divergências – ao contrário,

as incorpora inteligentemente à vida cotidiana e as recebe sem restrições. Como nos aproximaremos da pessoa amada se não dizemos com liberdade o que pensamos e sentimos?

4. O egoísmo e o egocentrismo do sujeito narcisista o afastam de forma radical dos valores da **humildade** e da **solidariedade**. Não é possível um amor saudável se um dos dois sofre de grandiosidade e sente-se acima do companheiro. A justiça e a compaixão, entre outras virtudes, viram cacos quando o ego sai do controle. Há dois caminhos que conduzem à humildade: ser consciente da própria insuficiência ou o reconhecimento realista e moderado das próprias forças. A humildade permite uma aproximação de igual para igual, sem menosprezo nem atitudes de contar vantagem. As três variantes do ego – egoísmo, egocentrismo e egolatria – configuram um grande antivalor que se opõe à faceta pluralista e horizontal do amor. Como reconhecer o outro, se estou preso em mim mesmo?

   Dois valores positivos adicionais para combater o narcisismo são o **descentramento** e a **autocrítica**. Calçar os sapatos do outro e aprender a duvidar de mim mesmo, e então o amor toma forma e se molda como deve ser, a quatro mãos.

5. O perfeccionismo e o controle do estilo obsessivo configuram uma mente rígida, apegada ao "deveria" e à sistematização. O amor fica asfixiado entre tantas normas e condições, e não só perde a liberdade, mas impede o desenvolvimento do valor da **flexibilidade.** Um amor rígido se estanca. Não se pode crescer numa vida

a dois se houver resistência à mudança: amar é criar.

O estilo obsessivo-compulsivo também se opõe a um segundo valor: a **admiração**. Pode haver admiração sem amor, mas não amor sem admiração. O gosto pela essência do outro, por suas conquistas, pelo que representa, é impossível se a atenção está focada nos erros.

6. A violência praticada pelo sujeito antissocial é um antivalor que afeta todas as áreas interpessoais. A combatividade, a exploração e a depredação que o caracterizam impedem-no de desenvolver valores imprescindíveis para o amor, como a simpatia e a reciprocidade, entre outros. Se há violência, o valor do **respeito** desaparece. Existe uma incompatibilidade fundamental entre eles. Fromm dizia: "Amor e violência são contradições irreconciliáveis". E quanto a isso não cabe dúvida.

   Há um segundo valor que se opõe ao antiamor promovido por essa forma de amar: a **paz**. A paz não é a ausência de conflitos, como diz Comte-Sponville, mas de guerra. Eu acrescentaria que tampouco é a ausência de cólera, porque algumas são necessárias e justas. No entanto, para viver em paz com alguém não é suficiente "desarmar" os espíritos e sossegar a mente, é preciso ativar a **doçura**: se negar a fazer o outro sofrer. A doçura é o oposto da brutalidade e da crueldade.

7. A indiferença do sujeito esquizoide se opõe à própria essência do amor. O outro não é visto nem sentido, por isso o "amor" aparece desvinculado, frio e distante. Essa apatia emocional

se opõe ao valor da **ternura** e da **empatia** em qualquer das suas manifestações. O esquizoide-ermitão é incapaz de se conectar afetivamente. Uma relação sem ternura, carinho e contemplação, sem carícias nem sorrisos, sem abraços nem afagos, sem os "te amo" e sem beijos é uma letra morta. A expressão de sentimentos positivos é talvez o principal alimento de uma relação a dois, e por isso uma relação afetiva sem empatia é inconcebível. Ao não haver uma participação emotiva na vida do outro, o amor se atrofia, pois perde o seu sentido vital. Se não existe congraçamento ("Tua alegria me alegra") nem compaixão ("Tua dor dói em mim"), não há conexão. Não leio você, não sinto você, não o compreendo, só consigo vislumbrá-lo na periferia do meu ser. Isso é amor?

8. Como vimos, a instabilidade e a patologia associadas ao estilo limítrofe fazem do amor uma experiência caótica. O turbilhão emocional que representa essa maneira de amar gera muitos antivalores, como o descontrole, a falta de paz interior e a ira sem medida. Parafraseando Csikszentmihalyi, nesse estilo, não se vive o amor como uma *experiência ótima*, pois ele não flui nem se constitui num profundo sentido de alegria. É um amor entrópico, que se perturba a si mesmo. A pessoa limítrofe-instável não se sente dona do que sente, não há uma ordem interior que lhe permita agir de forma congruente e tranquila. Essa estrutura psicoafetiva errática e confusa carece principalmente de valores como a **autodireção** e o **autoconhecimento.** Ou seja, a capacidade de tomar conta de si

mesmo, definir a própria identidade e orientar a vida de maneira construtiva. Como já disse, um amor caótico é uma supernova emocional em que ocorre uma infinidade de explosões afetivas sem sentido nem direção. O amor saudável se regula a si mesmo, se organiza ao redor do outro e do próprio "eu".

Não cair nas armadilhas dos estilos afetivos tóxicos, no jogo destrutivo da sua patologia, requer não apenas conhecimento sobre o assunto, mas também certa maturidade afetiva. Ir devagar, se dar o tempo necessário para observar e pensar antes de se lançar na arena de touros, se amar o suficiente para não se deixar coisificar em nome de um amor que deixa dúvidas.

Se você chegou até aqui com a leitura deste texto, terá percebido que para se mover de forma adequada no enredo do amor é tão importante saber o que se quer como *o que não se quer*. Talvez seja por isso que os que fracassaram em relações anteriores disponham de uma informação inestimável: tomaram consciência daquilo que não suportam, do que não gostam e do que não estão dispostos a negociar. É a sabedoria do "não" que nos ajuda a evitar a mortificação e o sofrimento inútil que surgem de uma relação impossível e de alto risco.

REFERÊNCIAS

AARONSON, C. J.; BENDER, D. S.; SKODOL, A. E.; GUNDERSON, J. G. "Comparison of attachment styles in borderline personality disorder and obsessive-compulsive personality disorder." The Psychiatric Quarterly, 77, 69-80, 2006.

ARENDT, H. *A origem do totalitarismo.* São Paulo: Companhia das Letras,1989.

BECK, A. T.; FREEMAN, A.; DAVIS, D. D. *Cognitive Therapy of personality Disorders.* New York: The Guilford Press, 2004.

BECK, J. S. *Terapia cognitiva para desafios clínicos.* Porto Alegre: Artmed, 2007.

BERNSTEIN, R. *El mal radical.* Buenos Aires: Lilmod, 2005.

BILBENY, N. *El idiota moral.* Barcelona: Anagrama, 1995.

BORNSTEIN, R. "Implicit and self-attributed dependency needs in dependent and histrionic personality disorders." Journal of Personality Assessment, 71, 1-14, 1998.

BOYD, T.; GUMLEY, A. "An experimental perspective on persecutory paranoia: a grounded theory construction." Psychology and Psychotherapy, 80, 1-22, 2007.

BROMMER, I.; BRUNE, M. "Social cognition in 'pure' delusional disorder." Cognitive Neuropsychiatry, 11, 493-503, 2006.

CABALLO, V. E. *Manual de transtornos de personalidade.* São Paulo: Santos Editora, 2008.

COMBS, D. R.; MICHAEL, C. O.; PENN, D. L. "Paranoia and emotion perception across the continuum." British Journal of Clinical Psychology, 45, 19931, 2006.

CRAMER, V.; TORGERSEN, S.; KRINGLER, E. "Sociodemographic conditions, subjective somatic health, Axis I disorders and personality disorders in the common population: the relationship to quality of life." Journal of Personality Disorders, 21, 552-568, 2007.

ECHEBURÚA, E. *Personalidades violentas.* Madrid: Pirámide, 1998.

ELLISON, M. C.; SCOTT, O. LILIENFIELD. "Histrionic personality disorder and antisocial personality disorder: sex-differentiated manifestations of psychopathic?" Journal of Personality Disorders, 16, 52-73, 2002.

FERRER, A.; LONDOÑO, N. E. (no prelo). "Prevalencia de los trastornos de personalidad en estudiantes universitarios de Ia ciudad de Medellín". Facultad de Psicología, Universidad de Antioquia, Colombia.

FRIESEN, M. D.; FLETCHER, G. J. O.; OVERALL, N. C. "A dyadic assessment of forgiveness in intimate relationships." Personal Relationships, 12, 61-77, 2005.

GIRARDI, P.; MONCANO, E.; PRESTIGIACOMO, C.; TALAMO, A. "Personality and psychopathological profiles in individuals exposed to mobbing." Violence and Victims, 22, 172-189, 2007.

GLOVER, D. S.; BROWN, G. P.; FAIRBUM, C. G.; SHAFRAN, R. "Preliminary evaluation of cognitive-behaviour therapy for clinical perfectionism: a case series." The British Journal of Clinical Psychology, 46, 85-94, 2007.

GORDON, R. M. *I love you madly.* New York: BookSurge Publishing, 2006.

GRATZ, K. L.; ROSENTHAL, M. Z.; TULL, M. T.; LEJUEZ, C. V.; GUNDERSON, J. G. "An experimental investigation of emotion dysregulation in borderline personality disorder." Journal of Abnormal Psychology, 115, 850-855, 2006.

HARE, R. D. *Sin conciencia.* Barcelona: Paidós, 2003.

HASELTON, M. G.; METTLE, D. "The paranoid optimist: An integrative evolutionary model of cognitive biases." Personality and Social Psychology, 10, 47-46, 2006.

HOPWOOD, C. J.; MOREY, L. C. "Psychological conflict in borderline personality as represented by inconsistent self-report item responding." Journal of Social and Clinical Psychology, 26, 1065-1076, 2007.

JAMES, L. M.; TAYLOR, J. "Impulsivity and negative emotionality associated witch substance use problems and Cluster B personality in college students." Addictive Behaviors, 32, 714-725, 2007.

KANTOR, M. *The psychopathy of everyday life.* New York: Praeger, 2006.

KIM, H. K.; CAPALDI, D. M. "The association of antisocial behaviour and depressive symptoms between partner and risk for aggression in romantic relationships." Journal of Family Psychology, 1882-96, 2004.

KLOSKO. J.; YOUNG, J. "Cognitive therapy of borderline personality disorder." In L. L. ROBERT (Ed.), *Contemporary cognitive therapy.* New York: The Guilford Press, 2004.

LONDOÑO, N. E.; MAESTRE, K.; MARÍN, C. A.; SCHNITTER, M.; CASTRILLÓN, D.; FERRER, A.; CHAVES, L. (no prelo). "Validación del cuestionario de creencias centrales de los trastornos de Ia personalidad (cce-tp), en Ia población colombiana." Avances en psicología latinoamericana.

LÓPEZ-IBOR, J.; VALDÉS, M. *Manual Diagnóstico e Estatístico de Transtornos Mentais (DSM- IV- TR).* Porto Alegre: Artmed, 2002.

LOZA, W.; HANNA, S. "Is schizoid personality a forerunner of homicidal or suicidal behaviour? A case study." International Journal of Offender Therapy and Comparative Criminology, 50, 338-343, 2006.

LUNA, I. M. "Trastornos de personalidad y género." Avances: Asociación Colombiana de Psiquiatría biológica, 4, 21-27, 2003.

_____. “El trastorno limítrofe de la personalidad y su comorbilidad con el trastorno bipolar.” Trastornos de ánimo, 3, 85-99, 2007.

MALACH PINES, A. *Falling in love.* New York: Routledge, 2005.

MARTIN, C. D. “Ernest Hemingway: A psychological autopsy of a suicide.” Psychiatry. 69: 351-361, 2006.

MARTIN, M. M.; CAYANUS, J. L.; McCUTCHEON, L. E.; MALTBY, J. “Celebrity worship and cognitive flexibility.” North American Journal of Psychology, 5, 75-80, 2003.

McCOY, D. *The manipulative man.* New York: Adams Media Avon, Massachusetts, 2006.

MIKULINCER, M.; GOODMAN, G. S. *Dynamics of romantic love.* New York: The Guilford Press, 2006.

MILLON, T. *Trastornos de la personalidad.* Barcelona: Masson, 1999.

MORRISON, H.; GOLDEBERG, H. *Mi vida con los asesinos en serie.* Barcelona: Océano, 2004.

OLDHAM, J. M.; MORRIS, L. B. *Autorretrato de la personalidad.* Girona: Tikal, 1995.

OLDHAM, J. M.; SKODOL, A. E.; BENDER, D. S. *Textbook of personality disorders.* The American psychiatric publishing: New York, 2005.

PÉREZ-TESTOR, C.; CASTILLO, J. A.; DAVINS, M.; SALAMERO, M.; SAN-MARTINO, M. “Personality profiles in a group of battered women: clinical and care implications.” Journal of Family Violence, 22, 73-81, 2007.

RAINE, A.; SANMARTIN, J. *Violencia y psicopatía.* Barcelona: Ariel, 2000.

RASMUSSEN, P. R. *Personality-guided cognitive-behavioral therapy.* Washington D. C.: APA Books, 2005.

RICARD, M. *Felicidade: a prática do bem-estar.* São Paulo: Palas Athena, 2007.

RISO, L. P.; Du TOIT P. L.; STEIN, D. J.; YOUNG, J. E. "Cognitive schemas and core belief in psychological problems." Washington D. C.: American Psychological Association, 2007.

RISO, W. *Ama y no sufras.* Barcelona: Granica, 2005.

_____. *Los límites del amor.* Barcelona: Granica, 2006.

_____. *Terapia cognitiva.* Bogotá: Norma, 2006.

_____. *EI poder del pensamiento flexible.* Colombia: Norma, 2007.

_____. *Pensar bien, sentirse bien.* Barcelona: Planeta/Zenith, 2008.

ROTEMSTEIN, O. H.; McDERMUT, W.; BERGMAN, A. B.; YOUNG, D.; ZIMMERMAN, M.; CHELMINSKI, I. "The validity of DSM-IV passive-aggressive personality disorder." Journal of Personality Disorders, 21, 28-42, 2007.

SAFRANSKI, R. *EI mal.* Barcelona: Tusquets, 2002.

SAGAN, C.; DRUYAN, A. *Sombras de antepasados olvidados.* Bogotá: Planeta, 1994.

SANMARTIN, J. *Las mentes violentas.* Barcelona: Ariel, 2002.

SANTISTEBAN, D. A.; MUIR, J. A.; MENA, M. P. "Integrated borderline adolescent family therapy: meeting the challenges of treating borderline adolescents." Psychotherapy: Theory Research Practice Training, 40, 251-264, 2003.

SBYDER, C. R.; LOPEZ, S. J. *Positive Psychology.* New York: SAGE Publications, 2007.

SCOUT, R. R.; STHEPEN, D. B.; ZACHARY, A. "Symptoms of executive dysfunction are endemic to secondary psychopathy: an examination in criminal offenders and no institutionalized young adults." Journal of Personality Disorders, 21, 384-400, 2007.

SEMERARI, A. *Psicoterapia cognitiva del paciente grave.* Bilbao: DDB, 2002.

SHAFER, D. R. *Desarrollo social y de la personalidad.* New York: Thomson, 2000.

SHIHA, B. K.; WATSON, D. "Hostility and personality disorder." Imagination, Cognition and Personality, 25, 45-57, 2006.

SIVAK, R.; WIATER, A. *Alexitimia, la dificultad para verbalizar afectos.* Barcelona: Paidós, 1998.

SKEEM, J.; JOHANSSON, P.; ANDERSHED, H.; KERR, M.; LOUDEN, J. E. "Two subtypes of psychopathic violent offenders that parallel primary and secondary variants." Journal of Abnormal Psychology, 116, 395-409, 2007.

SMITH, A. "Cognitive empathy and emotional empathy in human behaviour and evolution." The Psychological Record, 56, 3-21, 2006.

SPERRY, L. *Cognitive behavior therapy of DSM-IV personality disorders.* New York: Brunner/Mazel, 1999.

SPITZBERG, B. H.; VEKSLER, A. E. "The personality of pursuit: Personality attributions of unwanted pursuers and stalkers." Violence and Victims, 22, 275-290, 2007.

STRAUSS, J. L.; HAYES, A. M.; JOHNSON, S. L.; NEWMAN, C. F.; BROWN, G. K.; BARBE, J. P.; LAURENCEAU, J. O.; BECK, A. T. "Early alliance, alliance ruptures and symptom change in a nonrandomized trial of cognitive therapy for avoidant and obsessive-compulsive personality disorders." Journal of Consulting and Clinical Psychology, 74, 337-345, 2006.

SWOOGER, M. T.; WALSH, Z.; KOSSON, D. S. "Domestic violence and psychopathic traits: distinguishing the antisocial batterer from other antisocial offenders." Aggressive Behavior, 33, 253-260, 2007.

VAKNIN, S. *Malignant self love.* Skopje: Narcissus Publications, 2007.

VALLEJO RUILOBA, J. *Tratado de psiquiatría.* Barcelona: Ars Médica, 2005.

VEREYCKEN, J.; VERTOMMEN, H.; CORVELEYN, J. "Authority conflicts and personality disorders." Journal of Personality Disorder, 16, 41-52, 2002.

WIGGINS, J. S. *Paradigms of personality assessment.* New York: Guilford, 2003.

WRIGTHT, J. H.; BASEO, M. B.; THEASE, M. E. (2006). *Learning cognitive-behaviour therapy.* New York: American Psychiatric Publishing.

YUDOFSKY, S. C. *Defectos fatídicos.* Barcelona: Ars Médica, 2007.

YOUNG, J. E. "Schema-Focused Therapy and case Ms. S." Journal of Psychotherapy Integration, 15, 115-126, 2005.

Coleção L&PM POCKET (Lançamentos mais recentes)

1058.**Pintou sujeira!** – Mauricio de Sousa
1059.**Contos de Mamãe Gansa** – Charles Perrault
1060.**A interpretação dos sonhos: vol. 1** – Freud
1061.**A interpretação dos sonhos: vol. 2** – Freud
1062.**Frufru Rataplã Dolores** – Dalton Trevisan
1063.**As melhores histórias da mitologia egípcia** – Carmem Seganfredo e A.S. Franchini
1064.**Infância. Adolescência. Juventude** – Tolstói
1065.**As consolações da filosofia** – Alain de Botton
1066.**Diários de Jack Kerouac – 1947-1954**
1067.**Revolução Francesa – vol. 1** – Max Gallo
1068.**Revolução Francesa – vol. 2** – Max Gallo
1069.**O detetive Parker Pyne** – Agatha Christie
1070.**Memórias do esquecimento** – Flávio Tavares
1071.**Drogas** – Leslie Iversen
1072.**Manual de ecologia (vol.2)** – J. Lutzenberger
1073.**Como andar no labirinto** – Affonso Romano de Sant'Anna
1074.**A orquídea e o serial killer** – Juremir Machado da Silva
1075.**Amor nos tempos de fúria** – Lawrence Ferlinghetti
1076.**A aventura do pudim de Natal** – Agatha Christie
1078.**Amores que matam** – Patricia Faur
1079.**Histórias de pescador** – Mauricio de Sousa
1080.**Pedaços de um caderno manchado de vinho** – Bukowski
1081.**A ferro e fogo: tempo de solidão (vol.1)** – Josué Guimarães
1082.**A ferro e fogo: tempo de guerra (vol.2)** – Josué Guimarães
1084(17).**Desembarcando o Alzheimer** – Dr. Fernando Lucchese e Dra. Ana Hartmann
1085.**A maldição do espelho** – Agatha Christie
1086.**Uma breve história da filosofia** – Nigel Warburton
1088.**Heróis da História** – Will Durant
1089.**Concerto campestre** – L. A. de Assis Brasil
1090.**Morte nas nuvens** – Agatha Christie
1092.**Aventura em Bagdá** – Agatha Christie
1093.**O cavalo amarelo** – Agatha Christie
1094.**O método de interpretação dos sonhos** – Freud
1095.**Sonetos de amor e desamor** – Vários
1096.**120 tirinhas do Dilbert** – Scott Adams
1097.**200 fábulas de Esopo**
1098.**O curioso caso de Benjamin Button** – F. Scott Fitzgerald
1099.**Piadas para sempre: uma antologia para morrer de rir** – Visconde da Casa Verde
1100.**Hamlet (Mangá)** – Shakespeare
1101.**A arte da guerra (Mangá)** – Sun Tzu
1104.**As melhores histórias da Bíblia (vol.1)** – A. S. Franchini e Carmen Seganfredo
1105.**As melhores histórias da Bíblia (vol.2)** – A. S. Franchini e Carmen Seganfredo
1106.**Psicologia das massas e análise do eu** – Freud
1107.**Guerra Civil Espanhola** – Helen Graham
1108.**A autoestrada do sul e outras histórias** – Julio Cortázar
1109.**O mistério dos sete relógios** – Agatha Christie
1110.**Peanuts: Ninguém gosta de mim... (amor)** – Charles Schulz
1111.**Cadê o bolo?** – Mauricio de Sousa
1112.**O filósofo ignorante** – Voltaire
1113.**Totem e tabu** – Freud
1114.**Filosofia pré-socrática** – Catherine Osborne
1115.**Desejo de status** – Alain de Botton
1118.**Passageiro para Frankfurt** – Agatha Christie
1120.**Kill All Enemies** – Melvin Burgess
1121.**A morte da sra. McGinty** – Agatha Christie
1122.**Revolução Russa** – S. A. Smith
1123.**Até você, Capitu?** – Dalton Trevisan
1124.**O grande Gatsby (Mangá)** – F. S. Fitzgerald
1125.**Assim falou Zaratustra (Mangá)** – Nietzsche
1126. **Peanuts: É para isso que servem os amigos (amizade)** – Charles Schulz
1127(27).**Nietzsche** – Dorian Astor
1128.**Bidu: Hora do banho** – Mauricio de Sousa
1129.**O melhor do Macanudo Taurino** – Santiago
1130.**Radicci 30 anos** – Iotti
1131.**Show de sabores** – J.A. Pinheiro Machado
1132.**O prazer das palavras** – vol. 3 – Cláudio Moreno
1133.**Morte na praia** – Agatha Christie
1134.**O fardo** – Agatha Christie
1135.**Manifesto do Partido Comunista (Mangá)** – Marx & Engels
1136.**A metamorfose (Mangá)** – Franz Kafka
1137.**Por que você não se casou... ainda** – Tracy McMillan
1138.**Textos autobiográficos** – Bukowski
1139.**A importância de ser prudente** – Oscar Wilde
1140.**Sobre a vontade na natureza** – Arthur Schopenhauer
1141.**Dilbert (8)** – Scott Adams
1142.**Entre dois amores** – Agatha Christie
1143.**Cipreste triste** – Agatha Christie
1144.**Alguém viu uma assombração?** – Mauricio de Sousa
1145.**Mandela** – Elleke Boehmer
1146.**Retrato do artista quando jovem** – James Joyce
1147.**Zadig ou o destino** – Voltaire
1148.**O contrato social (Mangá)** – J.-J. Rousseau
1149.**Garfield fenomenal** – Jim Davis
1150.**A queda da América** – Allen Ginsberg
1151.**Música na noite & outros ensaios** – Aldous Huxley
1152.**Poesias inéditas & Poemas dramáticos** – Fernando Pessoa
1153.**Peanuts: Felicidade é...** – Charles M. Schulz
1154.**Mate-me por favor** – Legs McNeil e Gillian McCain
1155.**Assassinato no Expresso Oriente** – Agatha Christie

1156.**Um punhado de centeio** – Agatha Christie
1157.**A interpretação dos sonhos (Mangá)** – Freud
1158.**Peanuts: Você não entende o sentido da vida** – Charles M. Schulz
1159.**A dinastia Rothschild** – Herbert R. Lottman
1160.**A Mansão Hollow** – Agatha Christie
1161.**Nas montanhas da loucura** – H.P. Lovecraft
1162(28).**Napoleão Bonaparte** – Pascale Fautrier
1163.**Um corpo na biblioteca** – Agatha Christie
1164.**Inovação** – Mark Dodgson e David Gann
1165.**O que toda mulher deve saber sobre os homens: a afetividade masculina** – Walter Riso
1166.**O amor está no ar** – Mauricio de Sousa
1167.**Testemunha de acusação & outras histórias** – Agatha Christie
1168.**Etiqueta de bolso** – Celia Ribeiro
1169.**Poesia reunida (volume 3)** – Affonso Romano de Sant'Anna
1170.**Emma** – Jane Austen
1171.**Que seja em segredo** – Ana Miranda
1172.**Garfield sem apetite** – Jim Davis
1173.**Garfield: Foi mal...** – Jim Davis
1174.**Os irmãos Karamázov (Mangá)** – Dostoiévski
1175.**O Pequeno Príncipe** – Antoine de Saint-Exupéry
1176.**Peanuts: Ninguém mais tem o espírito aventureiro** – Charles M. Schulz
1177.**Assim falou Zaratustra** – Nietzsche
1178.**Morte no Nilo** – Agatha Christie
1179.**Ê, soneca boa** – Mauricio de Sousa
1180.**Garfield a todo o vapor** – Jim Davis
1181.**Em busca do tempo perdido (Mangá)** – Proust
1182.**Cai o pano: o último caso de Poirot** – Agatha Christie
1183.**Livro para colorir e relaxar** – Livro 1
1184.**Para colorir sem parar**
1185.**Os elefantes não esquecem** – Agatha Christie
1186.**Teoria da relatividade** – Albert Einstein
1187.**Compêndio da psicanálise** – Freud
1188.**Visões de Gerard** – Jack Kerouac
1189.**Fim de verão** – Mohiro Kitoh
1190.**Procurando diversão** – Mauricio de Sousa
1191.**E não sobrou nenhum e outras peças** – Agatha Christie
1192.**Ansiedade** – Daniel Freeman & Jason Freeman
1193.**Garfield: pausa para o almoço** – Jim Davis
1194.**Contos do dia e da noite** – Guy de Maupassant
1195.**O melhor de Hagar 7** – Dik Browne
1196(29).**Lou Andreas-Salomé** – Dorian Astor
1197(30).**Pasolini** – René de Ceccatty
1198.**O caso do Hotel Bertram** – Agatha Christie
1199.**Crônicas de motel** – Sam Shepard
1200.**Pequena filosofia da paz interior** – Catherine Rambert
1201.**Os sertões** – Euclides da Cunha
1202.**Treze à mesa** – Agatha Christie
1203.**Bíblia** – John Riches
1204.**Anjos** – David Albert Jones
1205.**As tirinhas do Guri de Uruguaiana 1** – Jair Kobe
1206.**Entre aspas (vol.1)** – Fernando Eichenberg
1207.**Escrita** – Andrew Robinson
1208.**O spleen de Paris: pequenos poemas em prosa** – Charles Baudelaire
1209.**Satíricon** – Petrônio
1210.**O avarento** – Molière
1211.**Queimando na água, afogando-se na chama** – Bukowski
1212.**Miscelânea septuagenária: contos e poemas** – Bukowski
1213.**Que filosofar é aprender a morrer e outros ensaios** – Montaigne
1214.**Da amizade e outros ensaios** – Montaigne
1215.**O medo à espreita e outras histórias** – H.P. Lovecraft
1216.**A obra de arte na era de sua reprodutibilidade técnica** – Walter Benjamin
1217.**Sobre a liberdade** – John Stuart Mill
1218.**O segredo de Chimneys** – Agatha Christie
1219.**Morte na rua Hickory** – Agatha Christie
1220.**Ulisses (Mangá)** – James Joyce
1221.**Ateísmo** – Julian Baggini
1222.**Os melhores contos de Katherine Mansfield** – Katherine Mansfied
1223(31).**Martin Luther King** – Alain Foix
1224.**Millôr Definitivo: uma antologia de *A Bíblia do Caos*** – Millôr Fernandes
1225.**O Clube das Terças-Feiras e outras histórias** – Agatha Christie
1226.**Por que sou tão sábio** – Nietzsche
1227.**Sobre a mentira** – Platão
1228.**Sobre a leitura** *seguido do* **Depoimento de Céleste Albaret** – Proust
1229.**O homem do terno marrom** – Agatha Christie
1230(32).**Jimi Hendrix** – Franck Médioni
1231.**Amor e amizade e outras histórias** – Jane Austen
1232.**Lady Susan, Os Watson e Sanditon** – Jane Austen
1233.**Uma breve história da ciência** – William Bynum
1234.**Macunaíma: o herói sem nenhum caráter** – Mário de Andrade
1235.**A máquina do tempo** – H.G. Wells
1236.**O homem invisível** – H.G. Wells
1237.**Os 36 estratagemas: manual secreto da arte da guerra** – Anônimo
1238.**A mina de ouro e outras histórias** – Agatha Christie
1239.**Pic** – Jack Kerouac
1240.**O habitante da escuridão e outros contos** – H.P. Lovecraft
1241.**O chamado de Cthulhu e outros contos** – H.P. Lovecraft
1242.**O melhor de Meu reino por um cavalo!** – Edição de Ivan Pinheiro Machado
1243.**A guerra dos mundos** – H.G. Wells
1244.**O caso da criada perfeita e outras histórias** – Agatha Christie
1245.**Morte por afogamento e outras histórias** – Agatha Christie

1246.**Assassinato no Comitê Central** – Manuel Vázquez Montalbán
1247.**O papai é pop** – Marcos Piangers
1248.**O papai é pop 2** – Marcos Piangers
1249.**A mamãe é rock** – Ana Cardoso
1250.**Paris boêmia** – Dan Franck
1251.**Paris libertária** – Dan Franck
1252.**Paris ocupada** – Dan Franck
1253.**Uma anedota infame** – Dostoiévski
1254.**O último dia de um condenado** – Victor Hugo
1255.**Nem só de caviar vive o homem** – J.M. Simmel
1256.**Amanhã é outro dia** – J.M. Simmel
1257.**Mulherzinhas** – Louisa May Alcott
1258.**Reforma Protestante** – Peter Marshall
1259.**História econômica global** – Robert C. Allen
1260(33).**Che Guevara** – Alain Foix
1261.**Câncer** – Nicholas James
1262.**Akhenaton** – Agatha Christie
1263.**Aforismos para a sabedoria de vida** – Arthur Schopenhauer
1264.**Uma história do mundo** – David Coimbra
1265.**Ame e não sofra** – Walter Riso
1266.**Desapegue-se!** – Walter Riso
1267.**Os Sousa: Uma famíla do barulho** – Mauricio de Sousa
1268.**Nico Demo: O rei da travessura** – Mauricio de Sousa
1269.**Testemunha de acusação e outras peças** – Agatha Christie
1270(34).**Dostoiévski** – Virgil Tanase
1271.**O melhor de Hagar 8** – Dik Browne
1272.**O melhor de Hagar 9** – Dik Browne
1273.**O melhor de Hagar 10** – Dik e Chris Browne
1274.**Considerações sobre o governo representativo** – John Stuart Mill
1275.**O homem Moisés e a religião monoteísta** – Freud
1276.**Inibição, sintoma e medo** – Freud
1277.**Além do princípio de prazer** – Freud
1278.**O direito de dizer não!** – Walter Riso
1279.**A arte de ser flexível** – Walter Riso
1280.**Casados e descasados** – August Strindberg
1281.**Da Terra à Lua** – Júlio Verne
1282.**Minhas galerias e meus pintores** – Kahnweiler
1283.**A arte do romance** – Virginia Woolf
1284.**Teatro completo v. 1: As aves da noite *seguido de* O visitante** – Hilda Hilst
1285.**Teatro completo v. 2: O verdugo *seguido de* A morte do patriarca** – Hilda Hilst
1286.**Teatro completo v. 3: O rato no muro *seguido de* Auto da barca de Camiri** – Hilda Hilst
1287.**Teatro completo v. 4: A empresa *seguido de* O novo sistema** – Hilda Hilst
1289.**Fora de mim** – Martha Medeiros
1290.**Divã** – Martha Medeiros
1291.**Sobre a genealogia da moral: um escrito polêmico** – Nietzsche
1292.**A consciência de Zeno** – Italo Svevo
1293.**Células-tronco** – Jonathan Slack
1294.**O fim do ciúme e outros contos** – Proust
1295.**A jangada** – Júlio Verne
1296.**A ilha do dr. Moreau** – H.G. Wells
1297.**Ninho de fidalgos** – Ivan Turguêniev
1298.**Jane Eyre** – Charlotte Brontë
1299.**Sobre gatos** – Bukowski
1300.**Sobre o amor** – Bukowski
1301.**Escrever para não enlouquecer** – Bukowski
1302.**222 receitas** – J. A. Pinheiro Machado
1303.**Reinações de Narizinho** – Monteiro Lobato
1304.**O Saci** – Monteiro Lobato
1305.**Memórias da Emília** – Monteiro Lobato
1306.**O Picapau Amarelo** – Monteiro Lobato
1307.**A reforma da Natureza** – Monteiro Lobato
1308.**Fábulas *seguido de* Histórias diversas** – Monteiro Lobato
1309.**Aventuras de Hans Staden** – Monteiro Lobato
1310.**Peter Pan** – Monteiro Lobato
1311.**Dom Quixote das crianças** – Monteiro Lobato
1312.**O Minotauro** – Monteiro Lobato
1313.**Um quarto só seu** – Virginia Woolf
1314.**Sonetos** – Shakespeare
1315(35).**Thoreau** – Marie Berthoumieu e Laura El Makki
1316.**Teoria da arte** – Cynthia Freeland
1317.**A arte da prudência** – Baltasar Gracián
1318.**O louco *seguido de* Areia e espuma** – Khalil Gibran
1319.**O profeta *seguido de* O jardim do profeta** – Khalil Gibran
1320.**Jesus, o Filho do Homem** – Khalil Gibran
1321.**A luta** – Norman Mailer
1322.**Sobre o sofrimento do mundo e outros ensaios** – Schopenhauer
1323.**Epidemiologia** – Rodolfo Saracci
1324.**Japão moderno** – Christopher Goto-Jones
1325.**A arte da meditação** – Matthieu Ricard
1326.**O adversário secreto** – Agatha Christie
1327.**Pollyanna** – Eleanor H. Porter
1328.**Espelhos** – Eduardo Galeano
1329.**A Vênus das peles** – Sacher-Masoch
1330.**O 18 de brumário de Luís Bonaparte** – Karl Marx
1331.**Um jogo para os vivos** – Patricia Highsmith
1332.**A tristeza pode esperar** – J.J. Camargo
1333.**Vinte poemas de amor e uma canção desesperada** – Pablo Neruda
1334.**Judaísmo** – Norman Solomon
1335.**Esquizofrenia** – Christopher Frith & Eve Johnstone
1336.**Seis personagens em busca de um autor** – Luigi Pirandello
1337.**A Fazenda dos Animais** – George Orwell
1338.**1984** – George Orwell
1339.**Ubu Rei** – Alfred Jarry
1340.**Sobre bêbados e bebidas** – Bukowski
1341.**Tempestade para os vivos e para os mortos** – Bukowski
1342.**Complicado** – Natsume Ono

IMPRESSÃO:

PALLOTTI
GRÁFICA

Santa Maria - RS | Fone: (55) 3220.4500
www.graficapallotti.com.br